緑の日本語学教本

藤田保幸

和泉書院

このテキストで学ぶ皆さんへ

「緑《グリーン》」がビギナーの色であることにも因《ちな》み、このテキストを「緑の日本語学教本」と名づけました。本書の内容について、以下簡単に説明しておきます。

(1) このテキストは、日本語学（国語学）の入門講義（概論）で使うことを意図して作成しました。内容は全15講の構成で、言語と人間のかかわりからはじまって、音声・音韻、文字表記、語彙、文法、方言、そして世界の言語の中での日本語の位置づけの問題まで、日本語学の基本的な内容を広く簡潔におさえられるように編集しました。

(2) 各講は、ステップA と ステップB に分けて構成されています。ステップA は最も基本的な事項、ステップB はその次の段階で大切な事項を極力簡潔にまとめたものです。半期講義の場合は、もっぱらAを順に取り上げ、通年講義の場合は、Bまで取り上げるというのが目安ですが、担当の先生が取捨選択して講義できるように編成していますので、実際の進め方については、授業をされる先生の指示に従って下さい。

(3) 各講には、授業の手掛かりとして検討課題・例題をあげています。そのうち、マークの検討問題は、主として自由にいろいろ考えてもらいたいもの、マークの例題は、実際にやってみたり、手順を踏んで確認してみたりしてもらいたいものです。内容理解のカギとなりますので、積極的に取り組んで下さい。

(4) 下欄には、補足説明や考える手掛かり、注意事項などを記しました。ここも、注意して見ておいて下さい。また、下欄の□は、ここは取り上げるということをチェックするチェック欄です。担当の先生の指示に従って（あるいは自分で）、講義で取り上げられる部分をチェックして、講義の進め方を確認して下さい。

(5) 補説として、その講に関係する発展的な事項を解説する欄を付けたところがあります。この補説については、各自読んでおいて下さればよいのですが、担当の先生によっては、ここも講義する場合がありますので、その場合は、指示に従って下さい。

(6) 本文に※の付いた斜体の文字で記された部分がいくつかありますが、これは、講義される内容ではなく、講義を進めるに当たっての考え方を注記したものです。それぞれ、このような考え方なのだと了解しておいて下さい。

(7) ◎印の「これは何？」と書き添えられた挿絵や文字や図が時々出てきますが、これは、一休みして気分転換にという意図であげているもので、講義内容そのものとは特に関係はありません。

(8) 巻末に各講のポイントの確認や要約になるような復習問題をつけています。授業の復習に活用して下さい。ただし、担当の先生によっては、宿題にしたり授業で取り上げることもありますので、その場合は、指示に従って下さい。

最後に大切なことを一つ記します。このテキストでは、**大切なことは授業の場で説明する**という考え方で、内容説明は最低限にとどめました。したがって、授業に出席し、講義の場で説明を聞き、自分でノートをとるということが不可欠です。そして、積極的な努力は、必ず報われます。講義の場が日本語についてのさまざまな発見の場になること、そのためにこのテキストがそのよき道しるべとなることを願っています。

二〇一〇年三月

著者

『緑の日本語学教本』目次

第１講　言語と人間

ステップA

１．人間の言語の特質

人間の言語は、文字による部分もあるが、基本的には音声によるコミュニケーションといえる。人間の言語には無限に近い表現の可能性があるということは、必ずしも誇張した言い方ではない。

検討課題　人間以外の動物でも音声によるコミュニケーションを行うものがある。たとえば、猿は何種類かの叫び声で伝達を行う。これを仮に「猿の言語」と呼ぼう。この「猿の言語」を使って、地球温暖化防止の問題について話し合おうとしたとしよう。どんな不都合が出てくるか、考えてみよう。

二重分節性……文は、単語、そして単音（子音や母音）へと二段階に分解できる、逆に言えば、文（コミュニケーションの基本のまとまり）は、二重の組み合わせで出来ているということ。

□

＊また、人間の言語では、どうしてそのような不都合なことにならないのだろうか。

2. 言語の機能

①コミュニケーション（情報の伝達）

言語はまず第一に、**1. 誰かが**、**2. 誰かに**、**3. 何か**を、伝えるために用いられるものだといえる。

☞しかし、**23**を欠く言語も考えられる。必ずしも言語はコミュニケーションのためだけのものではない。

ちなみに、あいさつはコミュニケーションの一つといわれることがあるが、右の**3**が無い点で、ふつうのコミュニケーション（情報伝達）とはいえず、むしろ、お互いの人間関係の確認のためになされるものだと考えるべきである。

②思考・認識

例(1)「生きるべきか死ぬべきか、それが問題だ」（ハムレットの独白）

(2)――遠くの人影を見て、思わず、

「あっ、山本だ！」

☞私たちは、言語によって考え、認識する。

③美的機能・遊戯的機能

例(3)　てふてふが一匹韃靼海峡を渡つて行つた（安西冬衛「春」）

(4)　たけやぶやけた（回文）

☞ 言語は、美的鑑賞や遊びの対象にもなる。

ステップB

1. 言語記号の恣意性

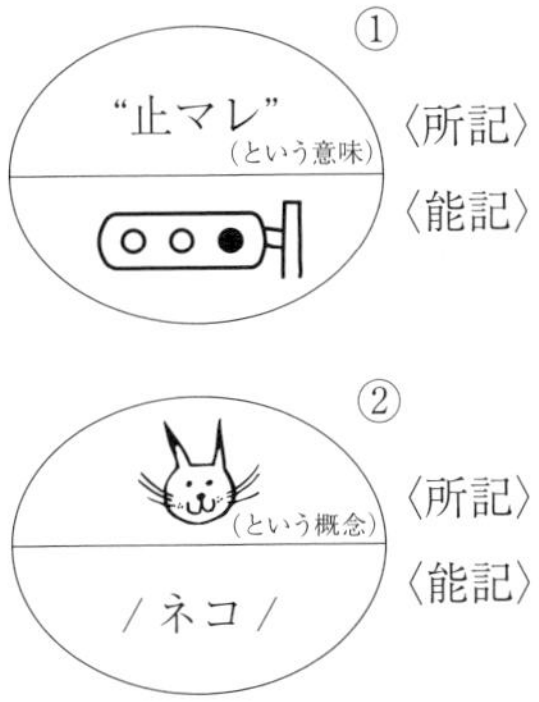

〔図1 「記号」〕

何かを表す形（能記）が表される何らかの内容（所記）と結びついていると理解されるものは、すべて「記号」と呼ばれる。言語は「記号」の一つである。言語記号（たとえば単語）の形と内容（意味）の結びつきは、その言語を使う言語社会が自由に決めた約束事であって、そうでなければならない必然性はない。これを、「言語記号の恣意性」という。

☞ を「ネコ」と呼ぶのに日本語の約束事であるという以上の理由はない。

□

＊「恣意」とは、もともとは「自由勝手」という意味。

2. サピア・ウォーフ仮説

言語は、人間すべてに共通する普遍的なものであるが、また、個々の言語はそれぞれ異なるものであり、そのことが言語と人間のかかわりにも反映してくる面がある。そのような点を強調した考え方が、サピア・ウォーフ仮説である。サピア・ウォーフ仮説は、次のような二つの考え方からなる。

（1）言語相対説……この世の中のさまざまな事物に名前を与えて区別する仕方は、言語によってそれぞれ違っていて（つまり、相対的で）、必ずこうだと決まったものではない。

〔表1　日英のH_2Oの呼称〕

日	英
ゆ　げ（蒸気）	steam
ゆ	water
み　ず	
こおり	ice

（2）言語決定説……人間のものの見方は用いている言語によって枠にはめられ、決められてしまう（面がある）。

□

＊「サピア」とは、エドワード・サピア（一八八四～一九三九）、「ウォーフ」とはベンジャミン・リー・ウォーフ（一八九七～一九四一）のこと。ともにこのような考え方を提唱した学者の名。

☞ 実際、「ハマチ」と「ブリ」とは同じ魚だが、そのことを知っていても名前が違うと違う魚のような気がしてくる。

3. 言語中枢

脳は、いろいろな働きを分業体制で行っており、主にある働きをつかさどる場所は「中枢」と呼ばれる。言語中枢には、

①ブローカ領域　……主に言語の産出をつかさどる。
②ウェルニケ領域……主に言語の理解をつかさどる。

の二つがあり、こうした言語中枢は、ふつう大脳の左半球に形成される。

言語中枢は、１才頃から５才頃に形成される。この時期に言語中枢が形成されなければ、言語の習得は困難になる。

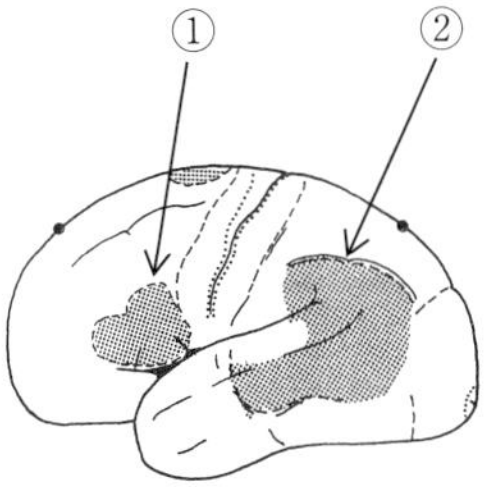

〔図２　言語中枢の所在〕

□

＊「ブローカ」「ウェルニケ」は、それぞれ、そのような中枢を発見した一九世紀の学者の名。なお「言語中枢」と呼ぶべきものは他にもあるが、ここでは主要なものをあげている。

第2講 日本語の音声・音韻(1)

ステップA

1. 音声と音韻

音声……言語音を、実際にどのように発音されるかという観点からとらえたもの。

音韻……言語音を、その言語を使う人間が意識のうえでどのように区別しているかという観点からとらえたもの。

検討課題　私たちは、「ン」の音（ハネル音）はいつも同じ一つの音だと意識している。しかし、たとえば「コンビニ」「チンタイ（賃貸）」「サンガイ（三階）」の「ン」は、どれも同じなのだろうか、調べてみよう。

※以下、まず第2～4講では、日本語の音声の方を中心に述べることにする。

□

2. 単音の分類

音声の最小の単位を「単音」という。[ ]を付けて表す。単音は、大きくまず、母音と子音に分けられる。

母音……声帯の振動をもとにして発せられる音。
子音……呼気（気管から出される空気）の流れをどこかで阻害して作られる音。

子音には、声帯振動を伴わないもの（無声子音）と伴うもの（有声子音）がある。

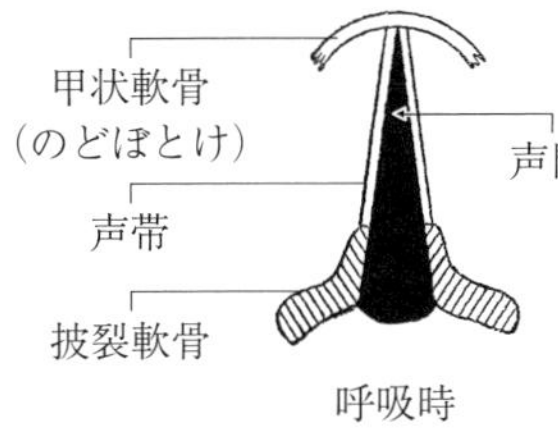

〔図3　声門と声帯―上から見た模式図〕

□

＊なお、音韻の最小単位は音素という。/ /を付けて表す（ステップB参照）。

＊声門は、呼気・吸気の通り道（図の黒い部分）。声帯は、そこで開閉される膜（図の細い白い部分）。

3. 母音

母音の音色は、舌の位置と口の開きの大小（開口度）によって決まる。

日本語の母音はアイウエオの五つであるが、これらを舌の位置と開口度によって整理したのが、母音三角形と呼ばれる次の図である。

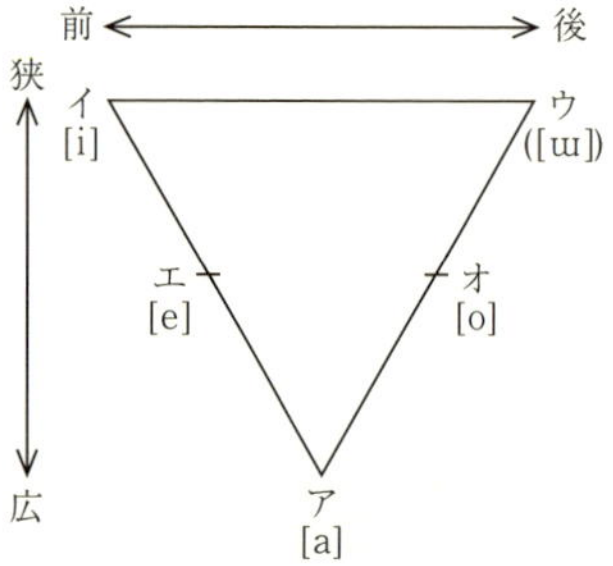

〔図4　母音三角形〕

母音は、舌の位置と開口度によって音声学的名称を与える。たとえば[i]は、「前舌狭母音」と呼ぶ。

（注）[a]は、舌の位置は実際には前よりであり、前舌母音である。

検討課題　五十音図のア行は、アイウエオという順になっているが、これはどういう並べ方になっているのだろうか、調べてみよう。

日本語のウの母音は、唇の丸めを伴う[u]ではなく、唇をあまり丸めない[ɯ]である。多くの言語では[u]が用いられるので、これは日本語の母音の大きな特色といえる。

□

＊日本語の母音ではっきり唇の丸めを伴うのは、[o]だけである。

ステップB

1. 音素

音韻の最小の単位を「音素」という。/ /を付けて表す。音素は、意識のうえで違うものとして区別される最小の言語音ということになるから、意味の区別を示すのに利用されるものである。

音素の抽出……ある言語がどういう音素をもっているかを調べて決めていくには、最小対（「○◇☆○」vs.「○◇★○」のように、一か所だけ違ったところのある単音連続のペア）を用いる。このようなペアを幾つも作って、一つでも意味の違う単語のペアができれば、その違いは意味の区別に利用されたわけだから、違っている部分の単音に対応する音素があることになる。

2. 母音の無声化

「母音の無声化」とは、母音の聞き取られるべきところに、何らかの音は聞かれるが、母音は聞き取られなくなる現象である。東日本の方言で目立つと言われる。無声子音にはさまれた狭い母音は、多く無声化する。また、文末の「です」「ます」の「す」

□

＊（補説）も参照せよ。

□

＊なお、九州方言にも無声化は目立つとされる。

の部分は方言によらず一般に無声化する。無声化した母音は次のように音声記号の下に。を付けて示す。

ex. 機　械　[ki̥kai]

草　[kɯ̥sa]

3. 母音の音色の生成

母音は、声帯の振動を音源とする。母音のもととなる声帯振動の波はいろいろな周波数の波の複合したものであり、それらを選別して違う音色になる。つまり、声帯から出た複合波が口腔を通るときに、口腔の形を変えて共鳴の仕方を変え、複合波のうち必要なものを残してそれ以外を打ち消してしまうことによって、いろいろな音色の母音が生まれるのである。

□

＊「周波数」とは、繰り返される波の形をとる音波が、一秒間に何回くり返されるかの回数。単位はヘルツ。

＊ものには、すべて固有の共鳴数がある。共鳴数の同じものは強め合い、違うものは打ち消しあう（音波の場合、周波数＝共鳴数と考えればよい）。

補説　「相補分布」と音素

「相補分布」とは、分かりやすく言えば、カヴァーすべき全体を役割分担（あるいは棲み分け）する形でカヴァーしている有り様《よう》をいう。たとえば、後（14頁）で見るように、サ行の子音は、母音[a][ɯ][e][o]の前では[s]であり、[i]の前では[ʃ]であって、相補分布になっている。しかも、音声的にも似た音である。このような場合、[s]と[ʃ]とは、どちらも一つの音素の現れであり、これらに対応する一つの音素（この場合はいわば《サ行子音の音素》/s/）があると考える。一つの行の子音は、[a][i][ɯ][e][o]の各母音の前に現れるのが役割であるから、[s]と[ʃ]とは分担して一つの子音（サ行子音）の役割をはたしているわけである。

《参考》サウンドスペクトログラム

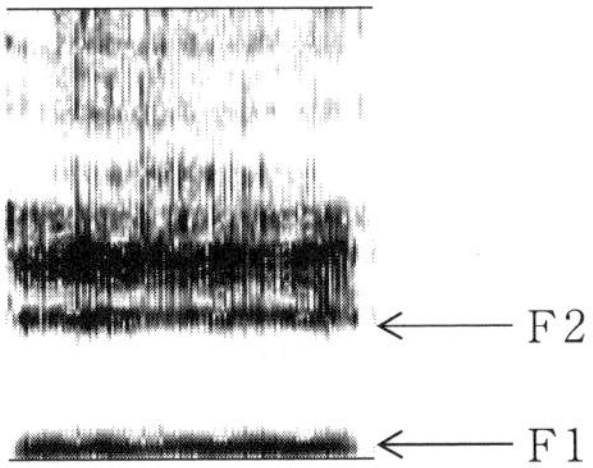

[i]

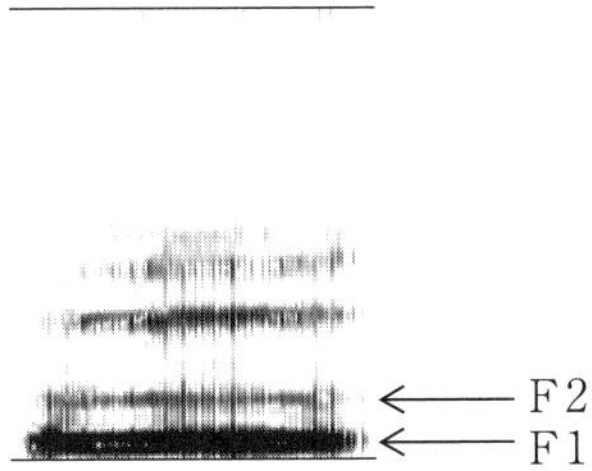

[ɯ]

＊サウンドスペクトログラムとは、いろいろな母音の複合波がどのような周波数の波（周波数成分）から構成され、また、どのように変化するかを記録・観察するための図である。縦軸を周波数の高低、横軸を時間として、どのような周波数成分が含まれており、それが時間的にどのように変化するかを簡便に見ることができる。サウンドスペクトログラムを作成する装置をサウンドスペクトログラフという。なお、母音を構成する周波数成分の低いものから順に（図では黒い帯の下から順に）、第1フォルマント（F1）、第2フォルマント（F2）…と呼ぶが、母音の音色は基本的にF1とF2で決まる。

第3講　日本語の音声・音韻(2)

ステップA

1. 音声器官

子音は、呼気の流れをさまたげて作られる音であるから、それぞれの子音がどのようなものかを見ていくためには、子音が作られる音声器官のあらましを知っておく必要がある。

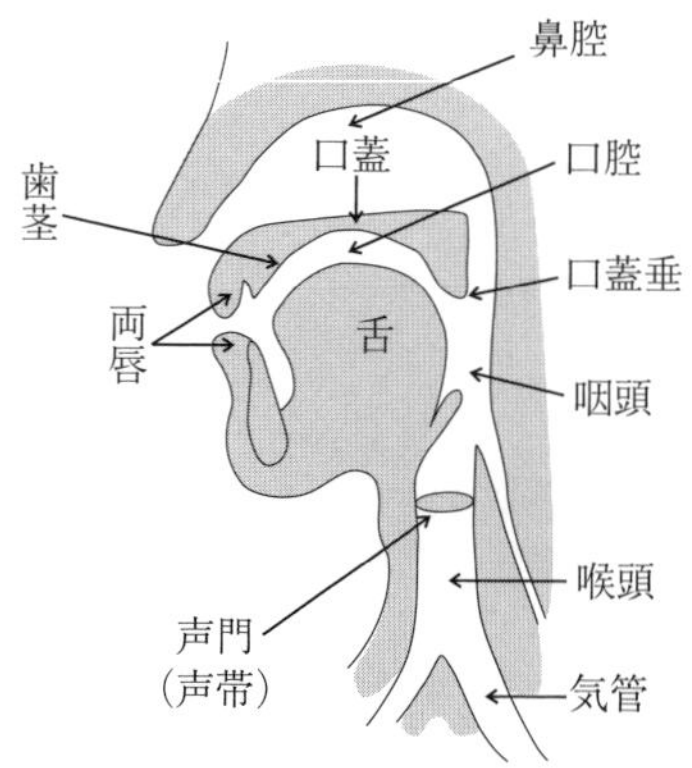

〔図5　音声器官〕

◦気管──▶口腔・鼻腔

◦声門（声帯（一種のリード））

◦
- 両唇
- 歯茎
- 口蓋（硬口蓋・軟口蓋）
- 口蓋垂

□

2. 子音(1)——基本事項

(1)子音は、どこで調音されるか（調音位置）によって、

両唇音　歯茎音　歯茎硬口蓋音　硬口蓋音　軟口蓋音　声門音

のように整理できる。

(2)どのように調音されるか（調音方法）によって、

閉鎖音（破裂音）　鼻音　摩擦音　破擦音　弾音　接近音

のように整理できる。

(3)声帯振動を伴わないか伴うかによって、

無声子音　有声子音

に区別できる（第2講 ステップA の2参照）。

子音の音声学的名称

（無声か有声か）＋（調音位置）＋（調音方法）－音

（例）[p] ＝ 無声両唇閉鎖音

例題　五十音図のカサタナハマという行の子音はそれぞれどのようなものか、調べてみよう（次のカッコに音声学的名称を書きなさい）。また、このことから分かることはないか。

カ　[k] ＝（　　　　　　　　）
サ　[s] ＝（　　　　　　　　）
タ　[t] ＝（　　　　　　　　）
ナ　[n] ＝（　　　　　　　　）
ハ　[h] ＝（　　　　　　　　）
※ただし、室町時代以前はハ行子音は、
[ɸ] ＝（　　　　　　　　）であった。
マ　[m] ＝（　　　　　　　　）

単一の子音でない行

- サシスセソ　……「シ」は[ʃi]である。
- タチツテト　……「チ」は[tʃi]、「ツ」は[tsɯ]である。
- ハヒフヘホ　……「ヒ」は[çi]、「フ」は[ɸɯ]である。

ラ行の子音は「弾音」である（弾音は常に有声音）。

[ɾ]　＝　歯茎弾音

ヤ行・ワ行の子音は「接近音」である（接近音は常に有声音）。

[j]　＝　硬口蓋接近音

[w]　＝　軟口蓋接近音

☞これらは、音としての実質は母音に近いものなので、一般に「半母音」と呼ばれることがある。

◎これは何？(1)

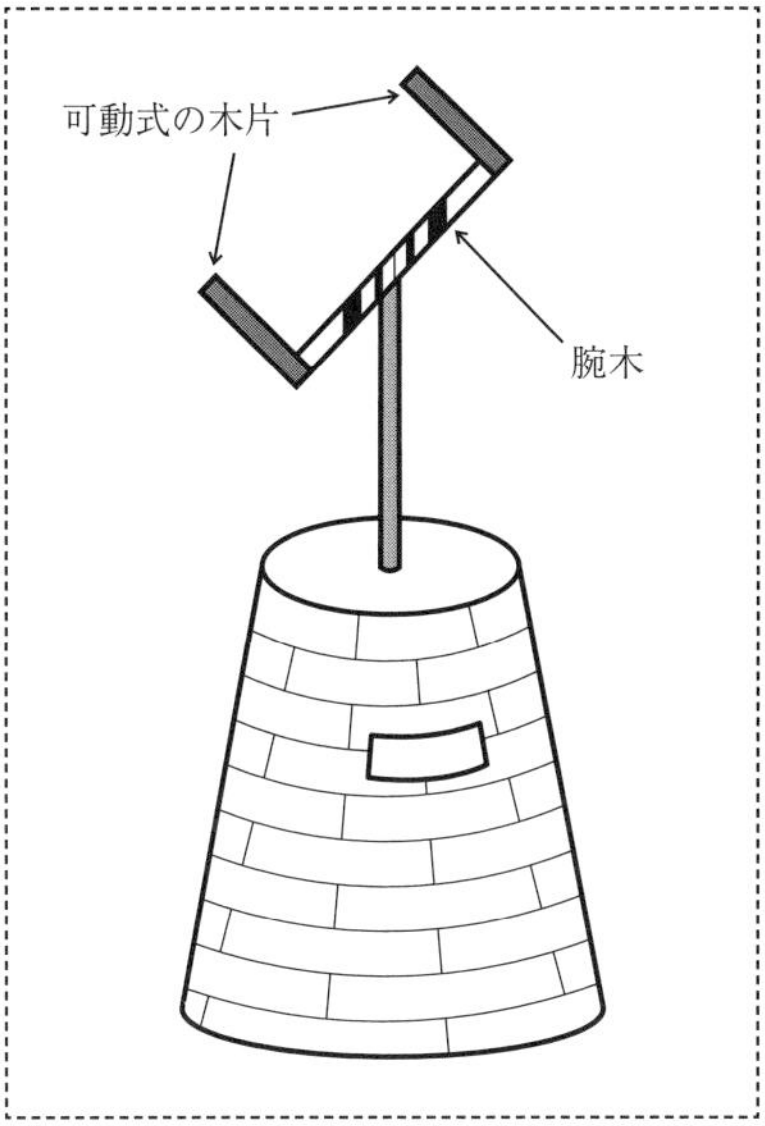

◎挿画の説明

上の絵は、フランス革命（一七八九）の頃に発明されたシャッペ式信号機で、腕木とその両端に付けられた可動式の木片によって、さまざまな腕木の「構え」を作り、それを信号として（記号化・暗号化された）情報の伝達に使ったものである。この信号機は、よく見えるところに幾つも建てられ、一つの信号機を担当する者が目視で近いところの別の信号機の信号を見てとり、自分のところも同じ信号を出すという形で、次々に伝えられ、遠方に敏速に情報を伝達した（ただし、もちろん天候や昼間か夜かに左右された）。これは、大量の情報を限られた数の記号で表すという方式の母型となった。モールス信号などは、こうした方式をもとに生まれてきたものである。

〔表２　子音の整理〕

調音方法＼調音位置		両唇音	歯茎音	歯茎硬口蓋音	硬口蓋音	軟口蓋音	声門音
閉鎖音	無声	p（パ行の子音）	t（タ、テ、トの子音）			k（カ行の子音）	
	有声	b（バ行の子音）	d（ダ、デ、ドの子音）			g（語頭のガ行の子音）	
鼻音	有声	m（マ行の子音）	n（ナ行の子音）		ɲ（ニャ、ニュ、ニョの子音）	ŋ（語頭以外のガ行の子音） N（語末の撥音）	
弾音	有声		ɾ（ラ行の子音）				
摩擦音	無声	ɸ（F）（フの子音）	s（サ、ス、セ、ソの子音）	ʃ（シ、シャ、シュ、ショの子音）	ç（ヒ、ヒャ、ヒュ、ヒョの子音）		h（ハ、ヘ、ホの子音）
	有声		z（ザ、ズ、ゼ、ゾの子音）	ʒ（ジ、ジャ、ジュ、ジョの子音）			
接近音	有声				j（ヤ、ユ、ヨの子音）	w（ワの子音）	
破擦音	無声		ts（ツの子音）	tʃ（チ、チャ、チュ、チョの子音）			
	有声		dz（ザ、ズ、ゼ、ゾの子音）	dʒ（ジ、ジャ、ジュ、ジョの子音）			

（注）（1）無声歯茎硬口蓋摩擦音は［ɕ］、有声歯茎硬口蓋摩擦音［ʑ］であるが、ここでは便宜上［ʃ］［ʒ］を用いる。

（2）軟口蓋接近音は［ɰ］であるが、ここでは便宜上［w］を用いる。

（3）スペースの都合上軟口蓋音の欄に入っているが、［N］は口蓋垂鼻音である。

ステップB

1. ハ行子音の変遷

[p*] ＞ [Φ] ＞ [h]

(1)室町時代末には、[Φ]であったことが分かっている。このことは、キリシタン資料でハ行子音が、

fito（人）、feique（平家）

のように書かれてｆに聞こえる音であったこと、更に、一六世紀の「なぞたて」という文献に、

ははには二たびあひたれどもちちには一どもあはず

というなぞなぞがあって、答えは「くちびる」となっていることなどから、知られる。

(2)それから、上代にまでさかのぼっても、ハ行子音はやはり[Φ]であったと考えられるが、おそらくもともとは[p]であったと見られる。

☞［その論拠］

①ハ行とバ行の清濁の子音の対応関係から（第4講 ステップA の1参照）。

②琉球方言の一部に語頭のハ行音をパ行音で発音する方言があることも参考に

□

なる。

こうした変化をふまえて、一般には、日本語では唇を使う調音が盛んでなくなっていく傾向があると論じられる（唇音退化）。

2. サ行子音の変遷

室町時代以前は、サ行子音はエ段も[ʃ]であった。

［注・関東では］シェの音節はささやくように、セ（se）又はセ（ce）に発音される。例えば、シェカイ（世界）の代わりにセカイといい、サシェラルの代わりにサセラルという。この発音をするので「関東」の者ははなはだ有名である。

（J・ロドリゲス（土井忠生訳）『日本大文典』より・一部表記等を改めた）

なお、ザ行のエ段も「ゼ」ではなくて「ジェ」。

3. 「シ」と「ヒ」の混同

「シ」と「ヒ」は、子音の調音位置が近く、混同されやすい。

□

＊もっとも東国方言は別である。

□

例 (1)　しつこい　→　ひつこい（西　シ→ヒ）

(2)　あのひとは…　→　あのしとは…（東　ヒ→シ）

補説　上代特殊仮名遣と上代八母音説

日本語の母音は、上代（奈良時代）以前は現在のような五母音ではなく、部分的にだが八母音であったといわれてきた。その根拠とされたのが「上代特殊仮名遣」と呼ばれる事実である。

たとえば、「キ」を書き表す万葉仮名には「伎・吉・岐・奇・紀…」などがあるが、これらは「伎・吉・岐…」と「奇・紀…」の二つのグループに分かれていて、たとえば「キミ（君）」「ユキ（雪）」の「キ」を書くのには「伎・吉・岐…」のグループの万葉仮名が使われ、「奇・紀…」のグループの万葉仮名は使われない。一方、「ツキ」「キリ」の「キ」を書くのには「奇・紀…」のグループの万葉仮名が使われ、「伎・吉・岐…」のグループの万葉仮名は使われない。このようなグループの別と使い分けが、「キヒミ・ケヘメ・コソノトヨロモ」の一三の音節（及び濁音のあるものは濁音の音節も）を書き表す上代の万葉仮名について見いだされる。つまり、イ段・エ段・オ段の音節のいくつかを書き表す万葉仮名について、使い分けられる二類の別があるということになる。この事実を「上代特殊仮名遣」と呼ぶ。これは、今と違って上代にはイ段・エ段・オ段について（すべてではないにせよ）二種類の区別される母音が存在したことを反映し、それを書き分けたものであるとされる。つまり、上代は部分的にではあるが八母音システムであったと考えられるのである。

ただし、最近この考え方については批判も出されている。

＊ただし「モ」についての使い分けは、『古事記』にのみ見られるものである。

第4講 日本語の音声・音韻(3)

ステップA

1. 子音(2)――清濁

「タ」と「ダ」の子音[t][d]を音声学的に比べると、

[t]＝無声歯茎閉鎖音
[d]＝有声歯茎閉鎖音

となる。つまり、清濁の違いとは基本的に、同じ調音位置・調音方法の単音について無声か有声かの違いということになる。

ガ行子音は、語頭では[g]だが、語中語尾ではふつう[ŋ]になる。

☞だから、「ガッコー」と「ショーガッコー」の「ガ」の子音は異なる。

ザ行の子音は、[z]のほかに[dz]（「ジ」は、[ʒ]のほかに[dʒ]）が用いられる。

バ行の子音は、ハ行子音が歴史的に変化したため、現在のハ行子音とは、有声と無声

□

*つまり、私たちは
[dz]＝[z]
[dʒ]＝[ʒ]
と聞いている。

の違いだけでなく、調音位置・調音方法も異なっている。

半濁音と呼ばれる「パピプペポ」の子音は[p]である。[p]は、大昔には日本語のハ行の子音であったと考えられるが、いったん姿を消した。そして、中世以降に復活し、今日では「半濁音」などという中途半端な位置づけを与えられている。

2. 子音(3)――拗音

「カキクケコ」「サシスセソ」などのような一般的な音を直音というのに対し、「キャキュキョ」「シャシュショ」のように、小さくヤ行の仮名を書き添えて表される音を「拗音《ようおん》」という。拗音は次のように二つのタイプに区別できるという見方がある。

（1）直音の子音と近い別の子音を用いる

- 「シャシュショ」「チャチュチョ」「ヒャヒュヒョ」「ジャジュジョ」「ニャニュニョ」の場合

（2）直音の子音の硬口蓋化したものを用いる

- 「キャキュキョ」「ギャギュギョ」「ビャビュビョ」「ピャピュピョ」「ミャミュミョ」「リャリュリョ」の場合

☞ 硬口蓋化（口蓋化）とは……舌の本体を硬口蓋に向かって持ち上げるプラス・

アルファの調音動作を加えること。たとえば、「カ」の調音に対して「キャ」の調音では、舌の形は次の図のようになる。

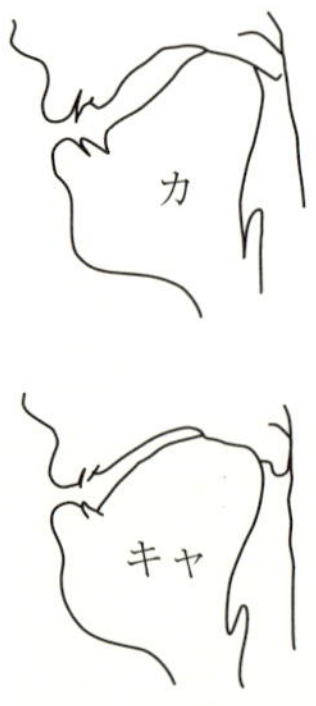

〔図6　[k]とその硬口蓋化〕

☞「カ」に対して硬口蓋化した「キャ」は、次のように直音の子音の後に上付きのjを加えて表す。

カ　＝ [ka]
キャ ＝ [k^ja]

検討課題　「手術」「支出」「新宿」を読んでみよう。また、「原宿」はどうか。

ステップB

1. 四つ仮名の問題

ダ行の子音は、もとはすべて[d]であった。しかし、中世以降変化が生じて、イ段の子音が[dʒ]、ウ段の子音が[dz]に変化していった。その結果、ザ行のイ段の子音[ʒ]、ウ段の子音[z]と聞き分け（区別）ができなくなった。

☞したがって、それまでは発音の区別どおり書き分けていた「ジ」と「ヂ」の仮名、「ズ」と「ヅ」の仮名も、発音どおりに書き分けができなくなった。

☞このような、ダ行のイ段・ウ段の子音が変化して、ザ行のイ段・ウ段の音と区別できなくなることに関わる音韻・仮名遣いの問題を「四つ仮名」の問題という。

現在は、[dz]と[z]は区別されず同じものと聞かれるので、「ザズゼゾ」の子音としては[dz]と[z]がどちらも用いられている。また、「ジ」の子音としては、[dʒ]と[ʒ]がどちらも用いられる。

□

*かつては「ふじ（富士）」と「ふぢ（藤）」、「くず（葛）」と「くづ（屑）」のような場合、発音が違ったから発音どおり書き分けることができた。しかし、上記の変化の結果、そのようにできなくなってしまったのである。

*方言では、四つ仮名の発音の区別を残す地域もある。

2. 合拗音

かつては、直音の「カ」「ケ」に対して「クヮ」「クェ」のように小さくワ行の仮名を書き添えて表される「合拗音《ごうようおん》」という音が存在した。したがって、「火事（くゎじ）」と「家事（かじ）」とは、違う発音だととられたのである。合拗音は今日ではなくなってしまった。しかし、歴史的仮名遣いでは書き分けられるので、注意しておく必要がある。

3. 語音の変化

単語を形作る語音が変化して、同じ意味でありながら異なる語形（あるいは語構成要素としての形）となることがある。こうした語音の変化には、いくつかのタイプがある。

①転倒

「ツヅミ（鼓）」→「狸の腹ヅツミ」

「カラダ（身体）」→「カダラ」

☞「山茶花」

②交替

「ケムリ（煙）」→「ケブリ」

□

＊「クヮ」「クェ」は [kwa] [kwe] のように表す。

＊方言では、合拗音の残る地域もある。

＊歴史的仮名遣いについては第8講 ステップB を参照。

□

「ヒト（人）」→「シト」
「アメ（雨）」→「アマグモ」

③同化

i．順行同化（前の音の影響で後の音が変わる）
「オモウ（思う）」→「オモー」

ii．逆行同化（後の音の影響で前の音が変わる）
「オマエ（お前）」→「オメー」

iii．相互同化（お互いが影響しあって変わる）
「スゴイ」→「スゲー」

④脱落
「ワタシ」→「アタシ」
「ゴザリマス」→「ゴザイマス」

⑤添加
「アマリ」→「アンマリ」
「ヤハリ」→「ヤッパリ」
「（難問を）クリアする」→「クリヤする」

第5講　日本語の音声・音韻(4)

ステップA

1. 拍（モーラ）と音節（シラブル）

音韻の最小単位は音素であったが、音素より一段階上の基本となる音韻のまとまりは、日本語では、「拍」（モーラ）である。拍（モーラ）は、仮名一字で書かれるような音のまとまりであり、基本的には、時間的に等しい長さにする感覚に基づいてまとめられている。

これに対して、英語などでは「音節」（シラブル）を基本のまとまりとする。これは、発音動作ひとまとまりを一つの音のまとまりととらえる感覚に基づくものである。

例題　「サクラ」「シンブン」「小野サン」は、それぞれモーラで数えれば何モーラ、シラブルで数えれば何シラブルになるだろうか。

特殊拍 ＝ 「ン」「ッ」「ー」（/N/ /Q/ /R/）

□

＊なお、「音節」という用語は、広い意味では、上記の「拍」と「音節」をひとまとめにして言うこともあるので注意が必要である。

＊上記の「特殊拍」以外の拍は「一般拍」と呼ばれる。

なお、「ン」には、第2講の検討課題でも見たとおり、いろいろな単音として現れる。先に見た他にも、語末では[N]になる。また、母音の前では鼻母音として現れる。

2．アクセントとその役割

日本語のアクセントは、高低アクセントである。

アクセントは、意味の区別に利用できるものであり、音韻に属するものである（かぶせ音素）。

アクセントの高低のパタンを「アクセントの型」という。アクセントは、名詞なら助詞を伴った実際の発音上のひとまとまりで見ていくのが一般的である。

（例）「にほんの傘」

→ • にほんの ⟶ 日本の
　（低高低低）
　• にほんの ⟶ 二本の
　（高低低低）

例題　二拍の名詞には、いくつのアクセントの型が考えられるか。「ハシがおちた」という場合の「ハシが」を例に考えてみよう。同様に、「ヒがでた」の「ヒが」を例に、一拍の名詞についても考えてみよう。

＊鼻母音（左を見よ）

□

＊ちなみに、英語などは強弱アクセントである。

＊＊鼻母音とは、母音の発音の際に、鼻に息を抜いて発音するものである。たとえば、アの母音の鼻母音は[ã]のように～を上につけて表す。鼻母音は、母音に弱い「ン」を伴うように聴こえる。

〔表3　拍数とアクセントの型〕

		一拍語	二拍語	三拍語
平板式	平板型	○ ▶ （日 が）	○●▶ （端 が）	○●●▶ （桜 が）
起伏式	頭高型	● ▷ （火 が）	●○▷ （箸 が）	●○○▷ （二本が）
	中高型		○●▷ （橋 が）	○●○▷ （日本が）
	尾高型			○●●▷ （暦 が）

☞ このように、標準語ではｎ拍語についてはｎ＋１の型の区別が考えられる。

☞ アクセントの働き

（１）弁別機能（意味の区別）

（２）統括機能（ことばのまとまりづけ）

ステップB

1. アクセント・プロミネンス・イントネーション

一つ一つの音ではなく音の連続に現れてくる強弱・高低などの特徴を韻律的特徴（プロソディ）という。アクセントは、プロソディの一つである。プロソディには、他に主なものとして、プロミネンス、イントネーションなどがある。

- アクセント…………単語のレベルで見られる音の高低・強弱のパタン。
- プロミネンス…………強調し目立たせるために、ある音を特に強くあるいは高く発音すること。
- イントネーション……文のレベルで見られる音の高さの上げ下げ。

例 (1)「私はタムラではなくてタノムラです」

(2)「すぐに行く」（「行く」を上げ調子で言うのと下げ調子で言うのでは、意味が違ってくる）

2. アクセント観と表記

アクセントの本質をどのようなものと考えるか（アクセント観）については、「段階観」

と「方向観」という二つの対立する考え方がある。

「段階観」では、語の一つ一つの拍に高いか低いかが決まっているものと考え、それを書き分ける。これに対して、「方向観」では、アクセントの大切なところは〝下がる〟ことであると考え、下がり目を示すことでアクセントを表示する。

☞したがって、アクセントには、高低を書き分けて示すやり方（二段観表記）と、下がり目を示すやり方（核表記）がある。

（例）　恋《こい》を（スル）

〈二段観表記〉

コ イ ヲ

● ○ ▷

〈核表記〉

コ˥イ ヲ

例題　「カラスがいる」「ウサギがいる」の「カラス（が）」「ウサギ（が）」のアクセントを二段観表記と核表記でそれぞれ書いてみよう。ただし、アクセントは標準語アクセントとする。

＊ちなみに、ずっと古くには高中低を書き分ける三段観表記もあったが、アクセントのとらえ方として適切なものではないので今日では用いられない。

3. 標準語アクセントのきまり

「段階観」で考えると、標準語のアクセントには次のような基本原則がある。

（1）一拍目と二拍目の高さが必ず異なる。

（2）高いところは、一つの単語について一ヶ所だけである。

☞ n拍語についてn＋1の型の区別があり得るのは、右のような原則があることによる。

4. アクセントの型の対応

二拍名詞を例にすると、東京アクセントでは、「鳥・庭・牛・飴…」といった単語は助詞を付けて発音すると、どれも○●▼のようになる。アクセントがこのようになる右のような単語のグループを一類と呼ぶが、一類の語は、京都アクセントで発音すると、どれも●●▼になる。このように、〝ある方言ではあるアクセントの型になる単語グループが、他の方言では基本的にすべてあるアクセントの型になる〟という現象を「アクセントの型の対応」という。

□

＊方言アクセント、例えば京阪アクセントでは、
トリガ（●●▼）
イトガ（○○▼）
のように、一、二拍目が高高や低低になることもある。

□

《参考》全国アクセントの分布

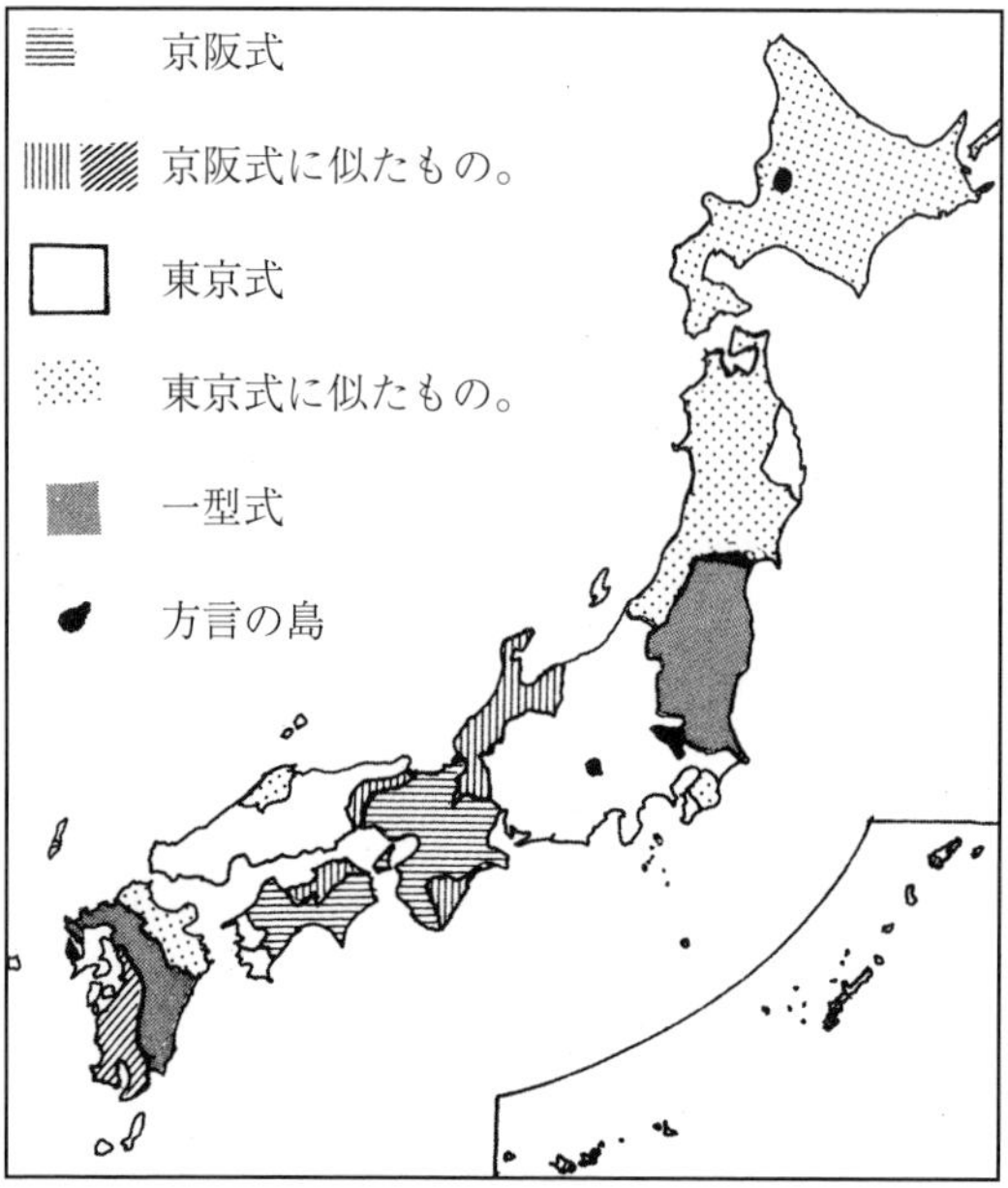

（天沼寧・大坪一夫・水谷修『日本語音声学』より）

〔表4　東京アクセントと京都アクセントの型の対応〕

類	語	京都アクセント	東京アクセント
(一)	鳥・庭・飴・牛……	トリガ	トリガ
(二)	石・川・歌・垣……	イシガ	イシガ
(三)	山・犬・池・花……	ヤマガ※	ヤマガ
(四)	笠・箸・糸・空……	カサガ	カサガ
(五)	猿・雨・秋・春……	サルガ	サルガ

＊※は、平安時代末には「ヤマガ」

補説　日本語のリズム

和歌は五七五七七、俳句は五七五だとか、五七調・七五調などといった言い方があることでも分かるように、日本語のリズムは、五音・七音を基調とするものと考えられがちである。しかし、例えば「赤信号みんなで渡ればこわくない」（六・八・五）などという不謹慎な言い方も、十分調子のよいものと感じられる。このように、五音・七音に合わないフレーズを重ねていっても、調子がよいと感じられる言い方はいろいろ作れるのであり、日本語のリズムの基本は、必ずしも五音・七音を基調とするものと考えるべきではない。近年の研究では、日本語のリズムは、むしろ二拍（二音）の繰り返しを基調とするものであるということが分かってきている。ここで注意すべきは、リズムを考える際には、休止も勘定に入れる必要があるということで、休止をカウントすることで、日本語の調子よく感じられる言い方はどれも二拍の繰り返しとして割り切れるのである。たとえば、「ひさかたの光のどけき春の日にしづ心なく花の散るらん」という和歌は、読んで調子よく感じられる五七五七七の形であるが、実はこれも「ヒサ｜カタ｜ノ𝄾｜𝄾𝄾‖ヒカ｜リ𝄾｜ノド｜ケキ‖ハル｜ノヒ｜ニ𝄾｜𝄾𝄾‖シヅ｜ココ｜ロナ｜ク𝄾‖ハナ｜ノ𝄾｜チル｜ラン」と休止が入っているのであり、それを勘定に入れると二拍の繰り返しとしてきれいに割り切れる。ちなみに、和歌の五七五七七の各句は、いずれも基本の二拍×4のまとまりと見ることができる。いわば、和歌は四拍子なのである。

＊リズムもプロソディの一つである。

第6講　日本語の文字表記（1）

ステップA

1．日本語の表記の特色

①漢字平仮名交じり表記を基本として、さらに片仮名・アルファベット・アラビア数字なども用いる混合表記システム

利点……意味の区切りをとらえやすい。
欠点……記憶に負担（とりわけ、漢字）。

検討課題　次の文章をよどみなく音読してみよう。

おのがしたささんずんがいのちのすばなしいっぽんにてんじたえんちょうにとって、はなしをすることのほんしつをえとくすることは、ぜんにおいてさとりをひらくことにもつうずるなんめいだいで、なにひとつてほんのないせかいでもあった。あんちゅうもさくということばがあるが、ひとまえでしゃべるという、

□

だれにでもできるいわばほんのうにもとづいたたんじゅんなこういを、げいにしようかするほうほうをさがしだすのは、まさにそのあんちゅうもさくなのであった。

②区切り符号の多彩さ

。、・「」『』（）など

検討課題　次の文章を手掛かりに、日本語における句読点について考えてみよう。

ある時近松門左衛門の許《とこ》に、かねて昵懇《なじみ》の数珠《じゅず》屋が訪ねてきた。その折、門左は鼻先に眼鏡をかけて、自作の浄瑠璃《じょうるり》にせっせと句読点を打っていた。数珠屋はそれを見ると、急に利いた風なことが言ってみたくなった。

「何やと思うたら句読点かいな。そんなもの漢文には要るかも知れへんが、浄瑠璃には要らんこっちゃ。つまり暇つぶしやな」

門左はひどく癪《しゃく》に障《さ》えたらしかったが、その折はただ笑って済ました。それから二三日過ぎると、数珠屋宛《あて》に手紙を一本持たせてやった。数珠屋は封を切ってみた。手紙は数珠の注文で、なかにこんな文句があった。

「ふたえにまげてくびにかけるようなじゅず」

＊ちなみに、句読点というけれども、
「、」＝読点
「。」＝句点

＊「癪に障えた」＝「癪にさわった」

数珠屋は「二重に曲げて首に懸けるような」とは、随分長い数珠を欲しがるものだと、早速そんなのを一つこしらえて持たせてやった。すると、門左は注文書《ちゅうもんがき》に違うと言って、押し返してきた。

数珠屋は蟹のように真っ赤になって、皺《しわ》くちゃな注文書を摑《つか》んで、門左の許《とこ》に出掛けた。門左はじろりとそれを見て、

「どこにそんなことが書いてあるな。［　　　　　　］とあるじゃないか。だからさ、浄瑠璃にも句読法が要るというんだよ」

（薄田泣菫《すすきだきゅうきん》『茶話《ちゃばなし》』・一部表記を改めた）

（A）空欄を埋めるのに適切なことばを考えてみよう。

（B）このエピソードから、日本語表記における句読点の効用を考えてみよう。

③縦書き・横書きともに可

日本語の表記は、縦書きにも横書きにもできる。そのため、さまざまな表記を取り込める柔軟さをもっている。

例(1)　杜牧の詩に「霜葉ハ紅ナリ二於二月ノ花ヨリモ一。」とある。

＊薄田泣菫（一八七七〜一九四五）は、詩人。また随筆家としても知られ、『茶話』は、その代表作。

例(2)　ドイツの格言では、
„Heute rot, morgen tot.“
などという。

(3)　その計算式は次のとおり。

$$y = ax^{3-z}/\pi$$

aは定数である。

(4)　この楽章全体を通じて、***f*** **の時も**、***p*** **の時も**、主題の動機がくり返される8分音符𝄾♫は、**互いに同じ音の強さで**演奏されなくてはならないのであって、このことはとくに注意されねばならない。
(F. ワインガルトナー（糸賀英憲訳）『ある指揮者の提言』)

④振り仮名（ルビ）という表記の補助手段

例(5)「鱧《はも》の皮」「白湯《さゆ》」
(6)「市場原理《しじょうげんり》」「物事の有《あ》り様《よう》」
(7)「郷里《くに》」「針金《ワイヤア》」「横顔《プロフィール》」
(8)「関係《くわんけい》《かかわり》」（両ルビ・明治時代の新聞などに見られる）

＊例(2)のドイツ語の格言は、日本では「朝《あした》の紅顔、夕べには白《はっ》骨《こ》となる」という格言にあたる。

検討課題　次の例文に見られる振り仮名と漢字の関係について考えてみよう。

少女の胸は大きく息づいていた。新治は沖の濃紺のゆたかな波のうねりを思い出した。今朝からの苦しい憂いは解け、勇気が蘇った。

「汝《んの》のとこへ、川本の安夫が入婿に行くっちゅうの、本当か」

この質問は、すらすらと若者の口から出た。

（三島由紀夫「潮騒」）

2. 漢字の将来

漢字を使うことは、確かに負担になる面がある。しかし、漢字が日本語の表記から姿を消すというようなことは考えにくい。

i. 漢字仮名交じり表記の日本語表記としての合理性（意味の区切りのとらえやすさ）。

ii. 日本語の語彙に漢語が深く根を下ろしている。

（例）「すぐにショーカイしてもらった」

iii. 言語生活の変化（パソコンなどの普及）。

しかし、無制限に漢字が使われては、確かに読みづらい。そこで、政府によって、公的な場面では使用する漢字を一定の範囲のものだけに限るようにする「漢字制限」が

□

行われてきた（戦後のものを挙げる）。

内閣告示「当用漢字表」（昭和二一年一一月・一八五〇字）
内閣告示「常用漢字表」（昭和五六年一〇月・一九四五字）
内閣告示「常用漢字表」（平成二二年一一月・二一三六字）

☞ 昭和五六年内閣告示の「常用漢字表」は、平成二二年に改定され、五字が削られ、新たに一九六字が加えられた。

おのが舌先三寸がいのちの素噺一本に転じた圓朝にとって、噺をすることの本質を会得することは、禅において悟りをひらくことにも通ずる難命題で、なにひとつ手本のない世界でもあった。暗中模索という言葉があるが、ひと前でしゃべるという、誰にでもできるいわば本能にもとづいた単純な行為を、藝に昇華する方法をさがし出すのは、まさにその暗中模索なのであった。

（矢野誠一『三遊亭圓朝の明治』より）

ステップB

1. 文字と文字以前

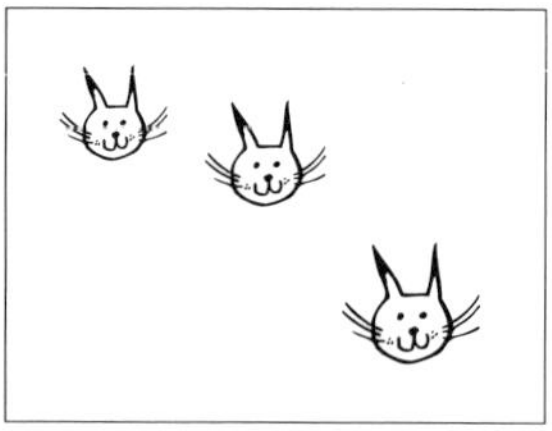

〔図7－1　「猫三匹」(1)〕

〔図7－2　「猫三匹」(2)〕

図7－1のように猫の絵（図形）を三つ書いて〝猫三匹〟ということを表したとする。これは、一種の絵文字だが、まだ文字とはいえない。図7－2のようになって、という図形が「猫」という語を表し、///が「3」（匹）という語を表すとなると、これは文字になっているといえる。つまり、図形は、単語や単音といった言語の単位（まとまり）と対応づけられ、それを表すものとなることによって文字となる。そして、どのレベルの単位を表すかによって、文字は分類できる。

□

- 表語文字（表意文字）……漢字、ヒエログリフなど
- 表音文字
  - 音節文字（シラブルやモーラを表す）…平仮名、片仮名、ハングルなど
  - 単音文字……ローマ字など

2. 日本の文字表記のはじまり

①漢字の伝来

応神天皇の時代に百済から、王仁《わに》という学者がやってきて、論語と千字文《せんじもん》を伝えたという。これが、日本への漢字・漢文の学問（儒教）の正式の伝来といわれる。事実だとすると四世紀末のことになるが、一つの伝説というべきだろう。実際には、大陸との交流や大陸からの渡来人によって、漢字はそれより以前に日本に伝来し、ある程度理解もされるようになっていたと思われる。

☞ たとえば、邪馬台国の卑弥呼が中国（魏）に使いを送ったのは三世紀のことで、その頃にはある程度日本でも漢字・漢文が理解できたものと考えられる。

②いわゆる神代文字《じんだいもじ》

□

＊「千字文」…漢字学習の基本テキスト。四字の詩句二百五十句から成り、これを覚えて漢字を習得する。

○天名地鎮《あないち》

日本には、漢字渡来以前に、既に固有の文字があったとする説がある。これは、中世に起こり、江戸時代には一部の国学者によって、熱心に主張された。上は、神代文字として公にされたものの一例である。

しかし、今日では神代文字は偽作として否定されている。

☞［偽作とする根拠］

i．時代を溯ると、はっきりなかったとする証言は見つかるが、あったとする証言は見られない。

蓋《けだ》し聞く、上古の世、未だ文字あらず。貴賤老少口口に相伝へ、前言往行、存して忘れず。（斎部広成《いんべのひろなり》『古語拾遺』（八〇七）による、原漢文）

ii．上代以前の音韻の実態に合わない（第3講 補説 参照）。

iii．固有の文字があったのなら、わざわざ苦労して漢字を日本語表記に利用しようとはしないはずである。

＊上記の「天名地鎮」は、国学者平田篤胤《あつたね》（一七七六〜一八四三）がその著書『神字《かんな》日《ひ》文《ふみ》伝』の付録「疑字篇」において紹介したものである（『新修平田篤胤全集』第十五巻より）。

③万葉仮名

「万葉仮名」とは、漢字をその意味を捨てて表音的に用い、日本語を書き表したものである。万葉仮名には、漢字の音読みを利用した「音仮名」と、訓読みを利用した「訓仮名」があり、さらに言葉遊び的なもの（戯書）も見られる。

例(1)「夏野乃　繁見丹開有　姫由理乃　不所知恋者　苦者曾」
〔夏の野の繁みに咲ける姫百合の知らえぬ恋は苦しきものそ〕
（「万葉集」巻八・一五〇〇・大伴坂上郎女）

☞ 音仮名（乃・由・理・曾）、訓仮名（見・丹）

例(2)「垂乳根之　母我養蚕乃　眉隠　馬声蜂音石花蜘蟵荒鹿　異母二不相而」
〔たらちねの母が養《か》ふ蚕《こ》の繭ごもりいぶせくもあるか妹に逢はずして〕
（「万葉集」巻一二・二九九一・詠み人知らず）

☞ 戯書（馬声蜂音石花蜘蟵荒鹿）

「万葉集」での使用が代表的なので「万葉仮名」と呼ばれるが、古く推古朝（五九二～六二八）以前の金石文にもこうした用字法は見られ、また、奈良時代以降も、学術的な事項の表記（たとえば、辞書の表音的な表記）などに長く用いられた。万葉仮名から、日本固有の文字である平仮名・片仮名が生まれてくる。

＊漢字を、意味を生かして使うなら、万葉仮名とはいえない（たとえば、例(1)の「夏野」や「不所知恋者」は万葉仮名とはいえない）。

＊「月西渡」（つきかたぶきぬ）のように「かたぶく」を「西渡」と意味を考えて宛て字するような表記は「義訓」とよばれる。これも意味を考えての書き方だから、万葉仮名とはいえない。

第7講 日本語の文字表記(2)

ステップA

1. 漢字の構造と用法の拡張・転用

漢字のしくみを説明するには、「六書《りくしょ》」という考え方がよく用いられる。「六書」とは、「象形《しょうけい》」「指事《しじ》」「会意《かいい》」「形声《けいせい》」と「仮借《かしゃ》」「転注《てんちゅう》」の六つの概念をまとめていったもので、はじめの四つは漢字の構造を説明するもの、あとの二つは漢字の用法の拡張・転用の仕方を説明するものである。

漢字の構造の説明のために、さらに「文字」の「文」と「字」という字の意味もそれぞれ理解しておこう。どちらも、文字記号（漢字）を意味するが、「文」とは基本的な（組み合わせでない）漢字、「字」は組み合わせでできた漢字を意味する。

右をふまえて、漢字の構造を整理すると、次のようになる。

□

＊「六書」は、後漢の学者許慎《きょしん》が『説文解字』（2世紀初成立）という書物で示した分類とされる。

文

a. 象形……形あるものをかたどって作られた文字
（例）山、人、馬、耳 など

b. 指事……形がはっきりしないものを象徴的な字形で指し示す文字
（例）一、二、十、刃 など

字

c. 会意……複数の文字を組み合わせた字形で物事を象徴的に指し示す文字
（例）明、林、森、休 など

d. 形声……音を表す文字と意味を表す文字（略した形の場合もある）を組み合わせた字形の文字
（例）江、洋、河、湖／肝、胴、脚、脳 など

例題 次のうちから、a象形、b会意、cその他の漢字を選び出してみよう。また、それぞれの漢字の成り立ちも説明してみよう。

上 貧 本 草 虫 海 孝 鳥

「仮借」とは、音の共通性を利用し、漢字のもとの意味を捨てて同音の別の語（語句）を表す用法である。

（例）(1)「我」（本来はギザギザのノコギリ（矛《ほこ》）の意味）

(2)「来」（本来はムギ（＝麦）の意味）

(3)「鳩麻羅什」（中央アジアの僧の名を表音的に表したもの、こうした当て字表記も「仮借」の一種）

「転注」とは、いろいろ説があるが、漢字の意味用法の拡張と考えられる。

（例）「楽団」→「楽園」

国字…右のような漢字の構成の仕方（構造）にならって日本で作られた和製漢字を「国字」という。国字は、「会意」によるものが多い。

（例）「峠」「躾」「鰯」「粁」

「丼」（これは象形）

また、日本でできたものであるから、国字は訓だけしかないのが普通だが、「働」のように類推によって音をもつものもある。

2. 漢字の音と訓

日本の漢字には、音読みと訓読みがある。

①漢字音

呉音……六～七世紀頃に伝わった、中国南方の漢字の発音に基づくとされる音。

漢音……七世紀末から八世紀にかけて伝わった、中国北方（長安のあたり）の漢字の発音に基づく音。

唐音……一三世紀以降に伝わった、中国の新しい発音に基づく漢字の音。唐宋音、宋音ともいう。

たとえば、「行」の字の場合、「修行《しゅぎょう》」（呉音）、「旅行《りょこう》」（漢音）、「行燈《あんどん》」（唐音）となる。

例題　それぞれ上の語の傍線部は呉音、下の語の傍線部は漢音になる。それぞれの語を読んでみよう。また、呉音と漢音の使い分けについて気がつくことはないだろうか。

「経文／経由」「燈明／照明」「法力／努力」「衆生／人生」

漢字音には、まれに右の三つに入らないものが見られ、より古い時代の漢字の発音に基づく音（古音）だとされる。

（例）「英虞湾《あごわん》」

＊「英虞湾」は三重県の志摩半島南部にある湾。

②漢字の訓

漢字の訓読みは、基本的には一つ一つの漢字について決まっているものである。

（例）「山」「子犬」「浅瀬」「長雨」「夜風」「夕涼み」「空回り」

しかし、一字一字の訓読みの総和として考えられない、ひとまとまりの漢字連続（熟字）について決まっている訓もある。そのような訓を「熟字訓」という。

（例）「紫陽花」「海苔」「心太」「五月雨」「雪崩」

国訓…中国での漢字の字義・用法に合わない訓を、「国訓」という。

（例）(1)「鮎《あゆ》」（本来はナマズ（＝鯰）の意味）

(2)「串《くし》」（本来はツラヌクの意味）

(3)「宛《あて》」（本来はカカム・マガルの意味）

漢字二字で表記される語が、「音＋訓」で読まれる場合「重箱読み」の語、「訓＋音」で読まれる場合「湯桶読み」の語と呼ばれる（第10講 ステップA の2も参照）。

ステップB

1．漢字の部首

漢字を、意味・形の共通性からグループ（部）分けした場合、そのグループ（部）の字に共通し、そのグループ（部）を代表するものとして意識される字形の共通要素を「部首」という。

部首は、その位置によって、偏《へん》・旁《ぼう》・冠《かん》・脚《きゃく》・繞《にょう》・垂《たれ》・構《かまえ》に分けられる。

 偏（左） ex. 松（きへん） 休（にんべん）

 旁（右） ex. 頭（おおがい） 殿（るまた）

 冠（上） ex. 家（うかんむり） 露（あめがんむり）

 脚（下） ex. 志（したごころ） 盛（さら）

 繞（左辺から下へ） ex. 起（そうにょう） 延（えんにょう）

 垂（上から左辺へ） ex. 庭（まだれ） 病（やまいだれ）

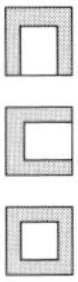 構（三辺以上を囲む） ex. 匠（はこがまえ） 図（くにがまえ）

□

＊何々偏などと呼ぶが、やや分かりにくい名前が付いていることもあるので注意。

部首は、そのグループの字の共通する意味特徴を表すことが多いが、問題のあるものもあるので注意したい。

例題　次の漢字の部首の名を答えよう。

狸　悟　剖　迎　煎　居　防　邦　酷　集

2. 送り仮名

漢字平仮名交じりを基本とする日本語の表記では、漢字にどのように送り仮名を付けるかということが問題になってくる。

送り仮名の原則……送り仮名の付け方に関しては、次の三点がまず基本原則になる。

i. 用言は活用語尾を送る。

ii. 活用しない語のうち、副詞・連体詞・接続詞は最後の一音節をおくる。

iii. 活用しない語のうち、名詞は送り仮名を付けない。

しかし、例外や許容事項がいろいろあって、これだけでは片付かない（繰り返し辞書を引いて確認するのが実際的である）。

現行の送り仮名の拠り所となっているのは、「送り仮名の付け方」（昭和四八年六月一八日内閣告示、同五六年一〇月一日一部改正）という文書である。この文書の前書きには、「『常用漢字表』の音訓によって現代の国語を書き表す場合の送り仮名の付け方のよりどころを示すもの」とある。そして、この文書の本文では、七つの通則と「常用漢字表」の「付表」の語に関する事項によって、送り仮名の付け方が定められている（通則は、本則と、それに例外・許容が適宜加わる）。

※通則1〜5は単純語、6・7は複合語についての規則である。以下では、このうち最も問題になる通則1・2について見てみる。

例題　次の(1)〜(7)の各問について、「送り仮名の付け方」を参照し、送り仮名の誤りがあれば、根拠となる規則を示して訂正しなさい。

【I】（通則1を参照）

(1)　短かい間に随分ドイツ語が話せるようになったなと、ドイツ人の友達にも認めてもらった。

(2)　上州屋が弥平を陥れたことは明かだ。しかし、証拠がない。ここは悔くても潔よく諦めろ。

(3)　あそこで君が、後の細まかな手順を教しえてくれなかったら、危く敵方に捕ってしまうところだった。

(4) 冷い言い草かもしれないが、吉報も来ないのに、フランス料理など味わっている訳にはいかないんだ。断ってくれ。

(5) 旦那様は穏やかな人柄の方だから、自分を脅かした悪人でも懇ごろに供養してやりなさった。

【Ⅱ】(通則2を参照)

(6) 明かるい月の光に照らされて、彼は何だか頼もしく見えた。

(7) 恐しい体験だったが、終わってみると、生まれてからこの方、こんな晴やかな気分を感じたことはない。

第8講　日本語の文字表記(3)

ステップA

1. 平仮名・片仮名

万葉仮名 →草化（くずす）→ 平仮名

万葉仮名 →省画（省略して一部を使う）→ 片仮名

①平仮名

平仮名 ＝「女手《おんなで》」…平仮名は、九世紀末頃には完成した姿を見せるようになる。平仮名が生まれたことによって、女性は文字を手に入れることになり、それがやがて中古の女流文学として開花することになる。

平仮名は、仮名書道と結びついたために、一つの音（音節）に対していくつもの平仮名が用いられ続けた。今日ふつうに用いられる字形の平仮名に対して、それとは異なる字形の平仮名を、「変体仮名」という。平仮名が今日の字形のものに統一されるのは、明治三十三年の小学校令施行規則の改正以降である。

例題　次の変体仮名を、どういう漢字からくずされたのか考えながらよんでみよう。

御手□□

□□ほと□

か□□□人

□□□□□

鰻・京料理

う□吉

②片仮名

片仮名は、漢文の訓読が中心であった古代の学問の場における必要から生まれた、補助的な記号だったと考えられる。

検討課題　「ニュージーランド」「ベートーヴェン」「ガタガタと揺れる」「オヤ、こりゃなんだ」等々、日常の表記において片仮名はいろいろなところに使われるが、片仮名はどのような場合に使われているか、整理してみよう。そのことから、日本語表記における片仮名の役割を考えてみよう。

片仮名は、平仮名とは違い、学問などの場の実用的な記号であったため、早くに今とはあまり変わらない字形へと統一された。ただし、今では使われない字形・今とは違う字形の片仮名もいくらかはある。

2. ローマ字

明治になって、日本語を書き表すローマ字として、「標準式」（ヘボン式）と「日本式」が創案され、この二つが対立した。標準式は、子音はもっぱら英語のスペリング、母音はイタリア語のスペリングに拠って、発音を書き分ける方向をめざしたものである。

・「丆」（「マ」はもともと「丆」）
・「子」（「ネ」）
・「井」（「ヰ」）　など

□

*明治以前にも、戦国時代末に日本を訪れたポルトガル人のキリシタン宣教師らが、日本語をポルトガル式のローマ字で表記

これに対し、日本式は、日本語の音韻に即した書き方をめざしたものといえる。

昭和の初期に、政府の主導によって、日本語を書き表すローマ字の統一がはかられ、議論の結果、昭和一二年（一九三七）内閣訓令第三号により、統一されたローマ字つづり方が定められた。これを「訓令式」という。訓令式は、日本式の考え方を受け継ぐ面が大きい。

しかし、昭和二〇年（一九四五）連合軍最高司令部（GHQ）指令では、ローマ字は標準式（ヘボン式）によることが求められた。

昭和二九年（一九五四）内閣告示第一号「ローマ字のつづり方」が出され、これが今日までローマ字表記の拠り所となっているが、ここでも、訓令式を原則とし（第一表）標準式等は、慣例上当面許容されるもの（第二表）とされている。

検討課題 「しま（島）」「つち（土）」「ふね（舟）」「ひと（人）」を訓令式と標準式（ヘボン式）のローマ字で書くと次のようになる。標準式（ヘボン式）は音声主義（実際の発音の違いを書き分けるもの）というが、本当にそうなっているのだろうか。

したり、江戸時代の蘭学者が日本語をオランダ式のローマ字で表記したことがあった。

（参考・キリシタン資料のローマ字）

1. Xenrino michimo yppoyori fajimaru.
   Cocoro. Xenri yucŏto vomô toqimo,
   mazzu fitoaxi fumi idaſaideua
   naranu monogia.
2. Voyoſo daijiua mina xôji yori vocoru.
   Cocoro. Sotto xita cotocara
   vôqij cotoua dequruzo.

（天草版『金句集』より）

「しま」
- sima　（訓）
- shima（標）

「つち」
- tuti　（訓）
- tsuchi（標）

「ふね」
- hune　（訓）
- fune　（標）

「ひと」
- hito　（訓）
- hito　（標）

ステップB

1．現代仮名遣い

①現代仮名遣いの背景

「仮名遣い」とは、仮名の使い方の約束事である。仮名は、表音文字だから発音どおり書けばそれ以上の約束事はいらないように思えるが、表記は保守的で発音は変化しやすく、その間にずれが生じる。そこで、そのずれを調整してどう書くかを決める約束事が必要になってくる。

歴史的仮名遣い……江戸時代の国学者契沖が、文献を考証して定めたものに基づき、明治以降社会全般で用いられた。

□（56頁下欄の翻字）

1. 千里の道も一歩よりはじまる。
　意《こころ》：千里行こうと思う時も、
　　まず一足踏みいださいでは
　　ならぬものじゃ。
2. およそ大事は皆小事より起こる。
　意《こころ》：そっとしたことから
　　大きいことは出《で》来《く》るぞ。

＊音韻と文字（仮名）にずれが目立ってくるのは、鎌倉時代に入る頃で、仮名遣いのことも、その頃から問題にされるようになってくる。歌人藤原定家は、仮名遣いについての自分の考えを「僻案《へきあん》」という冊子に示した（「定家仮名遣い」）。この「定家仮名遣い」は、中世以降歌人らの間で信奉されたが、しかし、もともとそれは根拠の乏しいものので、契沖はそれを批判して「歴史的仮名遣い」を提唱した。

現代仮名遣い……昭和二一年一一月一六日内閣告示第三三号によって制定された（このときは「現代かなづかい」と題された。のち、昭和六一年七月一日に現行のものに改訂）。現代仮名遣いの制定の背景には、漢字制限の実施があった。

検討課題　次の漢字は、いずれも当用漢字外の字である。読んでみよう。もしこれを歴史的仮名遣いで書いたらどうなるだろうか。

鯵　鯛　鰈　鱸　鯉

②現行の現代仮名遣い

現代仮名遣いは表音主義といわれるが、それが十分徹底できていない部分もある。

i．「を」「は」「へ」の表記
ii．「言う」の表記
iii．オ段とエ段の長音表記

検討課題　次の語の読み方を現代仮名遣いで書いてみよう。オ段長音を書くのに何か決まりがあるのだろうか。

「象」「狼」「申し出」「通り」「尊ぶ」「炎」「氷」「遠い」「騒々しい」

＊もちろん、常用漢字にも入っていない。

＊そして、現代仮名遣いが制定されなかったなら、どのようなことが起こっていたのだろうか。

iv.「じ」「ず」にすべて統一せず、一部「ぢ」「づ」を書くことを許容している。

「ぢ」「づ」と書く場合

（1）同音連呼の場合　「つづく」「ちぢむ」

（2）二語の連合の場合　「はなぢ」「みかづき」

例題　「布地」「難しい」の読み方を現代仮名遣いで書いてみよう。

ちなみに、漢字と仮名の使い分けについては、「公用文における漢字使用等について」（平成二二年内閣訓令第一号）で、（1）形式名詞や補助動詞等について仮名書きを原則とすることとし、（2）副詞・連体詞・接続詞について原則漢字表記のものと原則仮名書きのものが例示されている。

第9講 日本語の語彙(1)

ステップA

1. 語彙とは

「語彙」とは、単語を集合としてとらえたものである。
どのような集まりとしてとらえるかによって、

新聞の語彙
源氏物語の語彙
森鷗外の語彙
東北方言の語彙

などといったとらえ方ができる。

2. 日本語の語彙の量的分布

語彙は、単語を〝集まり〟としてとらえるものであるから、量が問題となってくる。
日本語の語彙の量としてのあり方について、いくらか見てみよう。

□ □

①日本語の語彙はどれくらいあるのか

簡単には推定しにくいが、一つの目安として、国語辞典の収録語数を考えてみると、例えば現代語を中心として編まれた代表的な中型国語辞典『大辞林』（第三版）では、一部古語も含むが、約二三万八千語を収録するという。また、古典語から現代語まで日本語の語彙全般を採っている『日本国語大辞典』（第二版）では、収録語数は五〇万語ほどにもなる。

②頭音別の分布

例題　手もとの国語辞典の真ん中のページを開いてみよう。「アイウエオ…」のどの音で始まる単語が出てくるだろうか。

③拍数（長さ）についての分布

日本語の単語は、ほぼ2～4拍の長さで安定する。だから、長い単語は、略語化される。

（例）　東京証券取引所　→　東証

ポケットモンスター　→　ポケモン

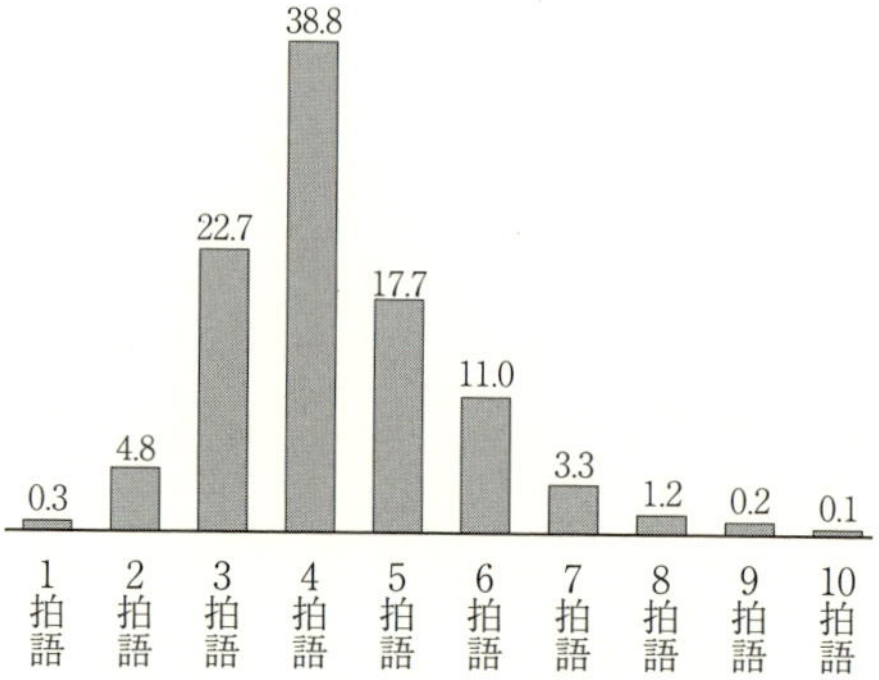

（『図説日本語』より）

〔図８　拍数による語彙の分布〕

3. 理解語彙・使用語彙・語彙の習得

日本人の成人が理解できる語彙（理解語彙）は、約四万語程度とされる。しかし、理解できる語彙がすべて使える語彙（使用語彙）だということにはならない。理解語彙に対して、一般に使用語彙はその１／３程度だといわれる。

＊ＮＨＫ『日本語アクセント辞典』（一九五一年版）の見出し語形（約四七〇〇〇語）を対象とした林大《はやしおおき》の調査の数値をグラフ化したもの。

□

語彙の習得…次表は、古い調査だが有名なもので、理解語彙が年齢とともにどのように増加するかを調査したものである。小学校の低学年と高学年、中学入学時と高校入学時を比べると、際立った伸びのあることに気がつくだろう。

〔表5　理解語彙調査〕

年　齢	語　数
6	5661
7	6700
8	7971
9	10276
10	13878
11	19326
12	25668
13	31240
14	36229
15	40462
16	43919
17	46440
18	47829
19	48267
20	48336

（阪本一郎
『読みと作文の心理』より）

4. 語彙調査と基本語彙

大量の言語資料について調査を行い、語彙の量的な実態を調べることが行われる。

＊語彙調査の基本用語

「全数調査」と「サンプリング調査」

「延べ語数」…実際に何語あるか。

□

「異なり語数」…何種類か（同じ語が何度も出てきても1とカウント）。
「使用度数」…その語が何回出てきたか。
※「使用率」…使用度数を延べ語数で割ったもの。

例題　次の短歌について、延べ語数・異なり語数及び「ふるさと」という語の使用度数・使用率を示しなさい。

ふるさとの山に向ひて
言ふことなし
ふるさとのやまはありがたきかな
（石川啄木『一握の砂』より）

基本語彙…日本語の「基本語彙」という場合、一般には日本語において使用度も高く広く使われる、日本語表現の根幹となる語彙をいう。

大規模な言語資料について語彙調査した場合、使用度が高いほど基本的な語だろうと予想されるかもしれないが、実際はそんなに単純なことでは片付かない。

検討課題　次の表の数値を検討し、基本語彙の選定のための語彙調査に関してどのようなことに注意しておくべきか、考えてみよう。

〔表6　新聞三紙の語彙調査から〕

見出し		優遇	委託	しかし	問題
全体	総度数	1,430	1,367	1,021	894
層別度数分布	政治	2	3	152	188
	外交	—	1	19	40
	経済	—	1	113	73
	労働	—	—	10	6
	社会	—	—	199	167
	国際	—	—	136	151
	文化	—	—	143	94
	地方	—	—	17	17
	スポーツ	—	—	90	33
	婦人家庭	7	9	44	29
	芸能娯楽	—	—	35	56
	その他	1,421	1,353	63	50
	順位	63	67	92	102

（田中章夫『国語語彙論』より一部改変）

ステップB

1．語の意味

意味とは何かということについては、いろいろな説がある。語の意味とは、語の表す概念内容のようなものと考えられることが多いが、語の用法についての知識だとする

＊朝日・毎日・読売三紙一年分の調査。度数とは出現回数、層とは記事の内容（分野）と考えればよい。順位は、使用度の高い順位である。

□

考え方もある。もちろん、意味と用法とは不可分といっていいものであるから、語の意味の研究にあたっては、意味は用法に実現する（具体的に現れる）という見方で、用法からおさえていくことが重要である。

例題 動詞「はく」（「靴をはく」などの「はく」）の意味を、「（　）をはく」の（　）にどのような語が入るか入らないかということを手掛かりに考えてみよう。

語の意味の三つの側面

指示的意味（概念的意味）…何を指し表すか

文法的意味…「寒い」と「寒さ」の違い

文体的意味…「本」と「書物」の違い

語の指示的意味と現実の事物とは同じではない。指示物が現実にないような語もある。現実のどの範囲を一つの語が指し表すのかは、言語によっても違う（サピア・ウォーフ仮説参照）。意味とは、基本的には私たちの主観的なとらえ方によるところが大きいものなのである。

☞「ユニコーン」「ツチノコ」「穴」「風」

2. 同義語・類義語・対義語

①同義語

意味が全く同じ語を「同義語」と呼ぶなら、完全な同義語というものは、同一の言語の語彙の中では考えにくい。たとえば、方言が接触してたまたま完全に同義の語が共存するようなことになっても、必ず一方が淘汰されてしまう。

②類義語

意味に共通性のある語を「類義語」という。類義語には、いくつかのタイプが考えられる。

i. ほとんど重なり合う関係のもの

(例)「食べる」と「食う」、「くさる」と「腐敗する」

ii. 一方が他方を包摂する関係のもの

(例)「木」と「樹木」／「木」と「材木」、「くるま」と「自動車」

上位語・下位語といった意味の階層として考えられる。

iii. 両方の語がそれぞれ一部の意味において重なり合う関係のもの

(例)「いえ」と「うち」

□

iv. 隣接的な関係のもの

（例）「児童」「生徒」「学生」

☞ 違いが定義されていることが多い。

類義語の意味の違いの記述は、ことばの研究の大変重要なテーマである。

例題 （1）（2）の類義語の違いについて、検討してみよう。検討にあたっては、まず共通の意味はなにかをおさえ、使い方（用法）の違いに基づいて考えること。

（1）「あがる」と「のぼる」の違い

（2）「はおる」と「まとう」と「着る」の違い

③対義語・反対語

意味が対立する語を「対義語」という。一般には、「左・右」「良い・悪い」「行く・来る」「売る・買う」のように意味が一つの対立軸の逆方向に位置づけられるものとして対立する「反対語」のことを言うことが多い。しかし、意味の対立は、そのような仕方ばかりではない。次のような対立する語群も、一種の対義語である。

（例）「朝・昼・夜」「親・子」「公立・私立」 など

反対語のような対義語も、意味が相反するといえる（=意味を比べられる）ことは、何らかの共通性に支えられているわけだから、類義語の一種である。

反対語の中でも、一方の否定が他方と同じ意味になるものを、「対極語」という。

（例）「生きている」と「死んでいる」、「正（正しい）」と「不正（不正だ）」

☞これに対して、多くの反対語は一方の否定が必ずしも直ちにもう一方の意味になるわけではない。

（例）「うまい」と「まずい」、「暑い」と「寒い」

◎これは何？(2)

◎挿図（字）の説明
現代中国では、簡略化された字体の漢字（簡体字）を用いているが、それらの中にまじってものすごく複雑な漢字が使われていたと、ある人が教えてくれたのが上の字。「ビャン」と読むらしく声調は二声で、さすがに『大漢和辞典』にも載っていないが、この字を書く「ビャンビャン麺」というのがあって、陝西省の名物なのだとか。文字の国中国は、さすがに奥が深い。

第10講 日本語の語彙(2)

ステップA

1. 語種とは

語の出自による類別——もともとの日本語なのか、古典中国語から入ったのか、英語などの外国語から入ったのかといった点での語の分類を、「語種」という。通常、語種は、次の四つが区別される。

- 和語
- 漢語(字音語)
- 外来語
- 混種語

☞ 語種とは、語の出自による区別であるが、厳密に言うと、本当にどこから来たのかということではなく、どこから来たものと私たちがとらえているかによる区別である(でなければ、次のようなものがあることは、矛盾したことにな

□

ってしまう)。

- 和製漢語　　返事、出張
- 和製外来語（和製英語など）　ガソリン・スタンド、サラリーマン
- 「梅」「馬」など（和語と思うだろうが、本当に日本語由来なのだろうか）

2. 語種各論(1)——漢語と和語

①漢語

漢語も外来的要素ではあるが、日本語に深く根を下ろしている点で、他の外来語とは別に扱われる。

☞定着の深さをうかがわせること

i.「一、二、三…」

ii. 重箱読《じゅうばこよ》みの語、湯桶読《ゆとうよ》みの語

ある語を漢語だと私たちがとらえるのは、突き詰めれば、それが漢字の音読みのことばだからである。そこで、そのような本質的な点をおさえて漢語とは呼ばず、字音語というような呼び方もされる。

□

＊重箱読み・湯桶読みについては、第7講 ステップA の2も参照せよ。

漢語は、日本語の抽象的な意味の語を主としてまかなっている。また、幕末から明治にかけての開国の時期には、西洋から入ってきた新しい事物・概念などの名は、もっぱら漢語に訳され、漢語が近現代の学術用語の大きな部分をまかなうことになった。

（例）思想、原理、信用、理由、健康、文化、哲学、経済、電気、演説、神経、引力　など

②和語

日本語の基本的な単語をまかなっているのは和語である。基本的な単語には、二拍語が多く、一拍語も見られる。

（例）もの　こと　人　花　する　なる　行く　来る　見る　目　手　木

☞ 漢語等に比べて、和語には、卑近であるがわかりやすい印象がある。

「失念と言えば聞きよい物忘れ」（川柳）

検討課題　次のグラフから、日本語の語彙における和語と漢語の役割を考えてみよう。

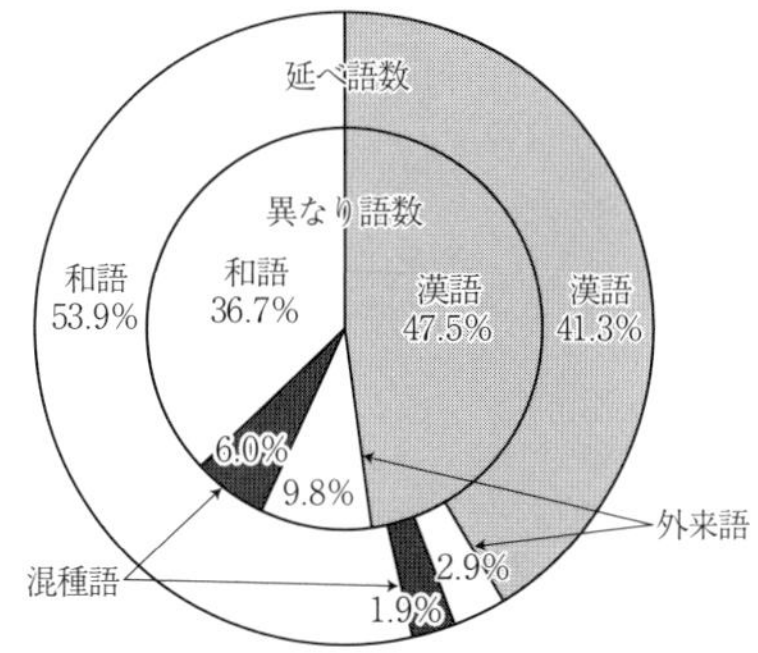

（国立国語研究所報告25『現代雑誌九十種の用語用字　第三分冊分析』による）

〔図９　雑誌用語の語種別分布〕

3. 語種各論(2)——外来語

室町末期にポルトガル人が日本に訪れたことにより、ポルトガル語から日本語にいろいろな語が入ってきた。これらは、日本語に入ってきて時間が経っていることにより、外来語とはあまり意識されないものもあり、漢字表記があるものもある。

（例）パン　メリヤス（莫大小）　カッパ（合羽）　テンプラ（天麩羅）　タバコ（煙草）
など

明治以降は、英語由来の外来語が圧倒的に多い。

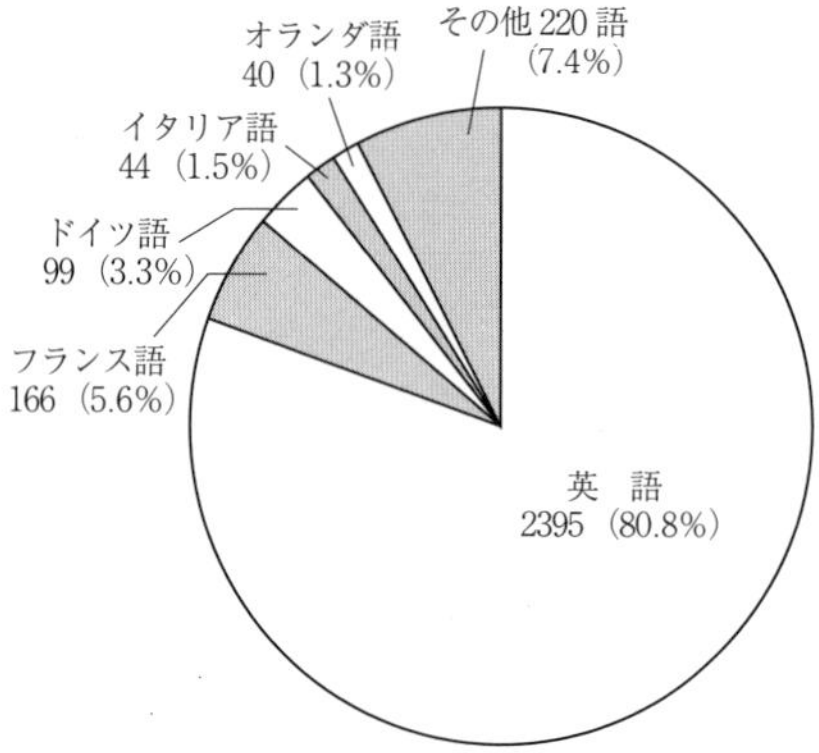

(『図説日本語』より一部改変)

〔図10　外来語の出自〕

なお、近現代中国語から入った語は、漢語とせずに外来語と扱う。

（例）マージャン（麻雀）　ギョウザ（餃子）　など

外来語は、多くは外国語の語彙に由来するが、決して原語そのままではなく、あくまで日本語になったもの、日本語の一部である。したがって、外来語としての意味と原語の意味がずれることもあるし、原語の語形が分からないほど変わっているものもある。

＊図10は、図9と同じ現代雑誌九十種についての調査に基づく数値をグラフ化したものである。

例題　「アルバイト」はドイツ語由来の外来語であるが、日本語での意味とドイツ語での意味の異同を調べてみよう。また、「ワイシャツ」「バケツ」は英語由来の外来語だが、原語の語形はどのようになるか、調べてみよう。

外来語の氾濫がしばしば問題にされる。新しい事物とともにある程度外来語が増えるのはやむをえないが、それでも、あまりに耳慣れない外国語由来のことばがあふれていては、コミュニケーションに支障をきたすことになる。そこで、国立国語研究所では、公共性の高い文章で使われる分かりにくいと感じられる外来語一七六語を選び、その言い換えについて提案している。

例題　次の外来語の意味が分かるだろうか。また、国立国語研究所の言い換え提案ではどのように言い換えられているか見てみよう。

「イノベーション」「ドクトリン」「ベンチャー」「モラルハザード」

＊「アルバイト」のドイツ語原語のスペルは „Arbeit“ である。

補説　語種と語形

語種を識別するのに、私たちはその語形を手掛かりにしている。つまり、漢語らしく感じる語形の特徴や外来語らしく感じる語形の特徴といったことがある。次に、そうした点を少し見ておく。

（1）漢語と和語の場合

和語では、本来単語の初めにラ行音や濁音が来なかった。語頭にラ行音や濁音が来る語は、和語らしく感じられない。また、撥音や促音も、日本語においては後から生まれたものであるので、やはりあまり和語らしくない。逆に、こうした音の特徴があると、漢語（もしくは外来語）的に感じられる。

また、二拍の漢字音の二拍目は「イ・キ・ク・チ・ツ・ン・ウ」の七つだけである。そして、漢語は四拍語が多い。そこで、漢語はそれと感じられるような特徴的な語形になりやすい。つまり、「□イ□ク」「□ン□ン」「□ウ□ン」などいくつかの決まった語形になることが多く、そうした形をとることでいかにも漢語らしく感じられるのである。

（2）外来語の場合

外来語には、日本語であまり使われないような音（たとえば、ツァ・ツォ・ティ・ディ・ファ・フィ・フェ・フォ・ミュ）が出てくる。また、語頭にパ行音がくるのは、外来語だけといってよい。したがって、たとえば「ティファニー」「ツァラトゥストラ」「パラフィン」などといった語形は、いかにも外来語らしく感じられる。

また外来語では、長音が入るものが多く、四拍を越える比較的長いものも多い。長音が入った語形であることが、外来語らしさを感じさせることに貢献している。

ステップB

1. 語構成

語には、それ以上分解できない「単純語」とさらに分解可能な「合成語」がある。「合成語」には、語どうしが結び付いた「複合語」と語と接辞（接頭辞・接尾辞）が結び付いた「派生語」がある。

- 語
  - 単純語 ……………（例）人、空、ガラス、歩く、美しい　など
  - 合成語
    - 複合語 ……（例）夏休み、鳩時計、カップ麺、立ち止まる、青白い　など
    - 派生語 ……（例）お線香、不十分だ、矢島様、子供らしい、春めく　など

※関連しておさえておくべき用語・事項のいくつかにふれる。

①接辞（文法的・文体的な意味、表現上のニュアンスを添える語構成要素）

接頭辞が付加されると、一般に文体的・抽象的な意味・ニュアンスが添えられるだけ

□

＊語構成論の分野では、「接辞」に対して上記の「語」は「語基」と呼ばれることがある。「語基」とは、実質的な意味を担って、語や（合成語の場合の）語の中核となる語構成要素である。

だが、接尾辞が付加されると、別の品詞的性格が与えられることがある。

☞「酒」→「お酒」vs.「利口（だ）」→「利口ぶる」、「うれしい」→「うれしさ」

（cf.「友子」→「友子さん」）

接辞複数…接尾辞「-たち」を添えて、複数を意味する語が作られることがあるが、「Nたち」という言い方は、〝Nを含む複数〟という意味になることが多い。

（例）サザエさんたちは、もう京都に着いたかしら。

②畳語（同じ語の繰り返しで作られる語）

擬声・擬態語は、畳語が多い。

（例）「ドンドン」「グズグズ」　など

畳語複数…畳語によって複数の意味の語が作られることがある。畳語複数は、基本的には、和語からしか作れない。また、複数といっても不特定多数の意味である。

☞○「三つの山」vs. ×「三つの山々」

＊なお、畳語は複合語の一種と見ることができるが、複合語・派生語と並ぶ合成語の一タイプと見る見方もある。

③混成語（ある単語の前部と別の単語の後部とが混合してできた語）

（例）(1)「やぶく」（＜やぶる＋さく）

(2)「とらまえる」（＜とらえる＋つかまえる）

(3)「ゴジラ」（＜ゴリラ＋クジラ・もちろんこれは意図的なネーミング）

☞ このように意味・語形の類似した単語が混合して、新しい単語が生まれることを「混淆」（contamination）という。「混淆」は句レベルでも起こる。

（例）(4)「切符の切らない方」（＜切符の切っていない方＋切符を切らない方）

2．複合に関する諸問題

①複合と連濁

連濁していれば一語として複合しているといえる。

（例）色紙《いろがみ》　マッチバコ　恋人　吊り橋　玉手箱

＊日本語では、混成語といえるようなものは多くない。

＊混成語は、語どうしや語と接辞が結びついたのではないから合成語ではない（あえて言えば、新しくできた単純語である）。

□

例題　次の二首の歌の「山がは／山かは」の意味を比較してみよう。

（1）山がはに風のかけたるしがらみは流れもあへぬ紅葉なりけり（「古今集」）

（2）幾山かは越え去りゆかば寂しさの果てなむ国ぞ今日も旅ゆく（若山牧水）

☞ 連濁の他にも、複合に際しては構成要素にさまざまな形の変化が加わることがある。

②複合とアクセント

複合によって、全体のアクセントが、もとの構成要素それぞれのアクセントとは違ってくることがある。アクセントがそのように変化していれば、一語として複合しているといえる。

☞ マド（窓）＋ガラス　↓　マドガラス

③複合と意味の特定化

一般に複合語の意味は、構成要素の意味の単なる足し算でなく、新たな意味が加わって、全体として特定化する。

（例）(5)「目覚まし時計」（目を覚ますために音がなる時計）
(6)「電気イス」（「電気」「イス」という構成要素それぞれの意味の和以上の特定の意味がある）
(7)「記念切手」（「記念の切手」とは完全に同じではない）

例題　複合語「目薬」は、「目の薬」というような言い方と比べると、意味がどのように違っているか、考えてみよう。

④複合における透明と不透明

透明語・不透明語…複合語について、構成要素の意味関係が読みとれて、何を表すかが想像がつくような場合、それを「透明語」という。逆に、意味を知っていなければ、構成要素から何を表すのか想像がつかない場合は、「不透明語」という。透明・不透明ということは、ことばの分かりやすさにかかわってくる。

（例）「玉子丼」「ざるうどん」…（透明）
「親子丼」「きつねうどん」…（不透明）

＊「透明」「不透明」という考え方は、イギリスの意味論学者S・ウルマンの説。

補説　形態素

複合語は、複数の語が結びついてできると考えやすいが、「国際関係」のような複合語の場合、「関係」の方はこの形で使えるので単語といえるが、「国際」の方は、これだけでは単語としては使えない。このように考えると、複合語は複数の語が結びついたものだと考えることは、厳密とは言えない。そこで、このような問題を的確に考えるために、「形態素」という概念を使うことにする。「形態素」とは、意味を担う最小の単位（まとまり）であり、右の「国際」も「関係」も、その意味ではともに形態素だといえる。さらに、「関係」のように語として独立して使えるものは自由形態素、「国際」のように語として独立できないものは結合形態素と呼ばれる。

また、たとえば《雨》という意味をあらわす形態素「アメ」は、「雨雲（アマ－グモ）」「雨模様（アメ－モヨウ）」「雨（アメ）」のように、「アマ」「アメ」という両方の形で現れる。形態素が、実際に語・語の一部として現れる際に、違った形を取った場合、それらを一つの形態素の異形態という。

第11講 日本語の語彙(3)

ステップA

1．位相とは

言語の使用者の所属する集団・階層あるいは性別などの違い、言語を使用する場面の違いなどによって、言語が異なる形をとる――特有の言い方が用いられたりする――ことを「位相」の違いという。

（例）「遺言（いごん）、思料する、未必の故意、しかるべく」（法曹関係者）
「まく、なめる、バンセン、ロケハン」（テレビ業界関係者）
武士のことばと町人のことばの違い
改まった講義の語り方と日常的な雑談との違い　など

※「位相」の問題は、語彙の問題に限定されるものではないが、語彙についてその違いが際立って出て来ることが多いので、従来しばしば語彙の問題の一環として論じられてきた。本書でも、語彙の記述の中で位相の問題にふれる。

□

2. 女性語と男性語

日本語では、男女のことばの違いが大きいとされてきた。具体的には、次のようなところに、違いが顕著である（あるいは、顕著であった）とされる。

①漢語の使用

伝統的に漢字漢文は男性の専有とされたので、女性は漢語を使わないものと考えられた。

清少納言こそ、したり顔にいみじう侍りける人。さばかりさかしだち、真字書《まな》きちらして侍るほども、よく見れば、まだいとたへぬことおほかり。

（「紫式部日記」による）

今日でも、手紙の結びのことばに、女性の場合「敬具」などではなく「かしこ」と書くようなことが一部に見られる。

②文末形式

女性らしい言い回し、また男性らしい言い回しというものは、特に文末の表現において顕著だとされる。

□

＊ただし、いわゆる〝ことばの男女差〟は、近代になって殊更作られていったものだという説もある。

検討課題　次のやりとりは、男女二人の発言だが、どちらが男性のことばでどちらが女性のことばか、考えて見よう。また、このやりとりについて、男性の発言を女性の発言に、女性の発言を男性の発言に聞こえるようにするには、どのように変えたらいいだろうか。

「見て、花よ」

「ほんとに、きれいだなあ」

——と見つめていると、そのそばの枝を急に揺すって、朝露をふりかける。

「うわっ」

「さっきのいたずらのお礼よ」

「やったな」

（以下略）

③美化語

美化語の使用は、女性に目立つとされてきた。

「酒、飲もう」 vs.「お酒、飲もう」

日本語の歴史においては、ある世界に所属した女性の特有の言い方としてしばしば問題になるものがある。

（1）女房詞《にょうぼうことば》…中世に御所に仕える女房たちの間で用いられた特有の言い方。やがて広く公家社会でも用いられるようになり、後には武家や上流の庶民の女性の間にも上品なことばとして広まった。

（例）「かちん」（餅）

「すもじ」（鮨）「かもじ」（髪）「しゃもじ」「ひもじい」〔文字ことば〕

「おひや」「おいしい」〔美化語〕

（2）廓《くるわ》ことば…江戸時代に遊郭で遊女が使用した特有の言い方。「ざんす」など広く女性語として用いられたものもある。また、「であります」（∧でありんす）のような言い方は、廓ことばとして生まれたものであり、現代語にも影響しているところがある。

3. 隠語

ある階級や職業に属する者の間で、外部の者に分からないように使うことばを「隠語」という。

（例）「ホシ、タタキ、ワッパ、ハジキ、前、お宮…」（警察〔犯罪捜査関係〕）

「大黒、御所車、般若湯《はんにゃとう》（「大乗《だいじょう》の茶」なども言うこともあったらしい）…」（僧侶）

大乗の茶といふこと、嵯峨の金剛院の院主道観房、浄土宗の学生《がくしやう》、後嵯峨法

□

皇の御帰依《おんきえ》の僧と聞えしが、弟子の律僧、夏のころ対面のために来たること有りけるに、人を召して、「大乗の茶を参らせよ」といふ。何物にやと思ふ程に打銚子（長い柄のついた銚子）に玄水をたぶたぶと入れて来たれり。「や、御房これ召せ。（中略――自分は極楽へ行く身だから大丈夫と言って――）ただ召せ」と言ふに、慎んでことばなし。「いでいで」とて、我三杯飲みて、弟子にさす。弟子三杯飲む。「またもて来たれ」とて、また三杯飲みて、「内野（京都の荒れ野の名）にて、酔ひさまして、寺へ帰られよ」と言ふ。弟子また三杯飲みてけり。

　このことを聞き侍りしより、「大乗」の名も懐かしく覚え侍るままに、多くの名の中に大乗の茶と申されたり、をかしく侍り。「玄水」は医書の中に見えたる名なり。あるいは、僧の中には般若湯とも言へり。

（『雑談集』巻三より）

検討課題　次の文章は山本有三「路傍《ろぼう》の石」の一節である。主人公の吾一少年は、家庭が貧しいため、中学進学を諦め、呉服屋に奉公に出て、辛く不本意な日々を送っている。さて、次に出て来る「ノジアン」ということばは、「安物」という意味だが、このような言い方はどのようにしてできたのか、ことばの成り立ち（作られ方）を考えてみよう。

「おめし（お召し縮緬《ちりめん》）のノジアーン。」

　店さきにすわって、お客と応対している番頭たちは、お客の注文に応じて、

＊「梵網経」というお経に、このようなものを他人に勧めると、生まれ変わった時、罰をうけると書かれている。

品ものの名まえを言うと、うしろに控えている小僧は、

「へえ、おめしのノジアーン！」

と、ふしをつけてくり返しながら、その品ものを蔵に取りに行くことになっているのだが、その時はほかにだれもいなかったので、吾一がそれをやらなければならなかった。吾一も「おめし」ぐらいはやっと覚えたが、「ノジアン」というのは、なんのことだかちっともわからなかった。それで立ちあがってはみたものの、まごまごしていると、

「おめしのノジアンですよ。」

番頭のことばはいやに丁寧だが、彼の目の中には、こわいものが光っていた。

吾一はしかたがないから、店に続いた蔵に行って、おめしのたなから、いいかげんなところを十反《たん》ばかり、急いで持って行った。

「これじゃありませんよ。ノジアンですって言うのに。」

番頭は舌うちして、自分で蔵へ取りに行った。番頭を立たせては申しわけがないから、吾一もおずおずついて行くと、

「ノジアンぐらいわからなくちゃ、しようがないじゃないか。」

おめしの安ものを取り出した番頭は、そう言うと同時に、やにわに吾一の腰をポーンとけとばした。

＊番頭のことばがていねいであること、最後にていねい語でなくなることにも注意。

隠語を使う副次的な効果
i. 連帯感
ii. 外部への誇示
隠語は部外者に分からなくする意味合いがなくなるとスラング（俗語）化する。
（例）「モク」「ヤバイ」

ステップB

1. 武者詞・六方詞

①武《む》者詞《しゃことば》…狭い意味では、武士特有の戦場での用語をいう。
（例）「敵に射させる」（＝射られる）、「開く」（＝引く、退く）
②六方詞《ろっぽうことば》…江戸時代初期に、草創期の江戸の町において無頼の男たち（旗本奴《はたもとやっこ》・町《まち》奴《やっこ》ら）が使った俗語。
（山中源左衛門は）隠れなきくせ者にて、命知らずの挙動のみなり、ある時、病気にて医師を招きけるに、大縄を以て頭をからげ、寄り掛かりゐて、「ここへ

□

＊なお、「むずと組む」「ひょうと射る」などの軍記物特有の擬声・擬態語も、武者詞といわれることがある。

＊山中源左衛門…有名な旗本奴の一人。

来て脈をかっつまんで見さい」と言ふ。医師、肝を消し恐れしが、鬼の様なる病人の側へにじりより、脈を伺ひ、薬を調合し、暇して立たんとせしかば、羽織をひかへ、「時分もよかるべい、出来合ひを申し付けた」とて引き留め、勝手より作り鬚《ひげ》の大男、紺の袷《あはせ》の膝きりなるを着《ちゃく》し、山折《やまを》敷《しき》（白木造りの四角いお盆）に盛り切りの黒米飯、塩汁、石皿に塩いわしを添へて持ちきたる。医師、あきれはてて、一口も喰《くら》はず、つつきちらしてゐたり。亭主は初めより汁をかけ、二三杯盛り切りをさらさらと喰《くら》つて、飯椀に冷《ひや》酒三杯ずんと傾け、「そこなヅク入（坊主）は下戸《げこ》か」とて、酒を入れられけり。医師は鬼の谷へ入りたる心地して逃げ帰りしとなり。

（「武備《ぶび》目睫《まつげ》」による）

2. 忌詞

「忌詞《いみことば》」とは、口にすると不吉なことが起こるとか神聖さが汚されるといった信仰のもとに、ある状況で使用が避けられることば、また、その代用語をいう。

①斎宮忌詞《さいぐういみことば》

伊勢の斎宮の周囲で、神に仕える立場として、汚れや仏教関係のことばを避け、言い換えたもの。

□

＊斎宮とは、天皇の代替りごとに選ばれた、伊勢神宮に奉仕する未婚の皇女。

(例)「血」→「あせ」、「仏」→「中子《なかご》」、「経」→「染紙《そめがみ》」、「僧」→「髪長《かみなが》」　など

検討課題　左の文章を読んで、次のことを考えて見よう。まず、「憚《はばか》りあること」とは、どのようなことなのだろうか。また、「えつる道になりぬれば、かくぞ侍りける」とは、どのようなことをどう評価して言っているのだろうか。

いづれの斎宮《いつきのみや》とか、人の参りて、今様うたひなどせられけるに、末つ方に、四句の神歌うたふとて、

　植木をせしやうは、鶯住ませむとにもあらず

と歌はれければ、心とき人など聞きて、「憚りあることや出《い》で来む」と思ひけるほどに、

　くつくつかうなが並《な》め据ゑて、染紙よませむとなりけり

とぞ歌はれたりけるが、いとその人歌詠みなどには聞こえざりけれども、えつる道になりぬれば、かくぞ侍りける。

(「今鏡」巻一〇による)

(注)「植木をせしやうは」――当時、「忉利《たうり》の都(注・帝釈天の住む天界)の鶯は　塒《ねぐら》定めでさぞ遊ぶ　浄土の植木となりぬれば　花咲き実成るぞあはれなる」という仏教的な内容の知られた今様があり、この「神歌」は、それをもとに発想されたものらしい。

②舟ことば

山や海・川では、自然の脅威を意識し、危難を避けたいとの思いから、ことばのタブーがいろいろあった。

下総《しもふさ》国のある渡りに、便船せむとて、若き法師出《い》できたる。いづくよりぞと問へば、風早《かざはや》の唯蓮坊《ゆゐれんぼう》のもとよりと言ふ。船人極めてことばを忌《い》む習ひにて、「あらいまいまし。風早と言ふだにもいぶせきに、唯蓮坊いよいよ恐ろし。さりとては、船賃なんど持たぬげなる御坊の口の悪さや」と言へば、「ただ乗せておはせ。賃には大豆をこぼれこぼれ一升持ちて候ふぞ」と言へば、「この坊の、またいまいましきことのたまふ。こぼれこぼれの聞きたくもなさよ」とて、「降り給へ降り給へ」としかりければ、「ここにあればこそむつかしくかくものたまへ。舳《へ》の方に行きて打ち返つて伏せらむ」と言ひければ、なかなかにあまりのことにて、笑ひて乗せてけり。さのみこそ舟ことばとりあつめて、悪しくつづけたりけれ。

（「沙石集」巻八による）

③現代に生きる忌詞の心性

現代においても、まだことばのタブーが残っているといえるところもある。

＊船の底にたまる水のことを「ゆ」という。

（例）結婚式（「切れる・別れる」といったことばを避ける）
病院（病室）・ホテル・アパートでも4号室・9号室がないところがある　など

補説　知っておくべき近代以前の「辞書」

近代以前の辞書について、日本語研究の資料となる最も基本的なものを紹介しよう。

現存する日本最古の辞書と言えるものは平安時代初めの空海編『篆隷万象名義《てんれいばんしょうみょうぎ》』であるが、平安時代のものでは、この後編纂された『新撰字鏡《しんせんじきょう》』『倭名類聚抄《わみょうるいじゅしょう》』が知られている。『新撰字鏡』は、南都（奈良）の昌住《しょうじゅう》という僧が九世紀末頃に編纂した漢和辞書というべきものであり、『倭名類聚抄』は、源　順《みなもとのしたごう》という学者・歌人の編纂で、漢字を掲げ、その字の示すものを漢籍を引いて解説し、それに対する「倭名」（日本語の単語）をあげる、一種の百科事典的な辞書である。院政期から鎌倉時代にかけては、『類聚名義抄《るいじゅみょうぎしょう》』『色葉字類抄《いろはじるいしょう》』が編纂されたことが注目される。『類聚名義抄』は古代最大の漢和辞書というべきもので、和訓（訓読みの注）に声点《しょうてん》といわれるアクセント符号がつけられていて、アクセントの研究の重要資料となる。また、『色葉字類抄』は単語の初めがイロハのどの音で始まるかでまず分類し、意味分類を併用したもので、イロハ引きの国語辞典としては最古のものである。そして、中世後半以降近世を通じては、『節用集《せつようしゅう》』と呼ばれる簡便な辞書が数多く作られた。やはり、頭音イロハ引きで意味分類を併用し、語をどういう漢字で表すか示すことを中心にしており、引きやすく近代に入るまで利用された。また、室町末にキリシタン宣教師によって、ポルトガル語で日本語のことばを説明した『日葡辞書《にっぽじしょ》』（一六〇三刊）が編纂されたことも重要である（日本語訳がある）。

＊語彙の歴史的研究には、「辞書」が重要な資料となる。

＊源順（九一一～九八三）は、二番目の勅撰和歌集である「後撰和歌集」の撰者（「梨壺《なしつぼ》の五人」と呼ばれる）の一人であるが、この「梨壺の五人」は、当時読めなくなっていた「万葉集」の訓読に従事したことでも知られる。

＊明治に入ると、国語学者大槻《おおつき》文彦《ふみひこ》（一八四七～一九二八）が編纂した『言海《げんかい》』（明治二二～二四年刊）が、最初の近代的な国語辞書と言うべきものである。『言海』は、後に改訂されて『大言海《だいげんかい》』となるが、今日でもこれを高く評価する声がある。

第12講 日本語の文法(1)

ステップA

1. 学校文法とその限界

①品詞分類のこと

いわゆる学校文法は、国語学者橋本進吉(一八八二〜一九四五)の学説、すなわち、橋本文法と呼ばれる文法学説に拠るもので、単語を品詞に分け、その働きを考える品詞論的な文法といえる。その品詞分類の考え方として、しばしば次のような表が示されるが、これは必ずしも橋本文法の本来の考え方を十分に伝えるものではない。

□

- 単語
  - 自立語
    - 活用のないもの
      - 主語となるもの……………………（**体言**）—名　詞
      - 主語とならないもの
        - 修飾語となるもの
          - 体言を修飾するもの……連体詞
          - 用言を修飾するもの……副　詞
        - 修飾語とならないもの
          - 接続語となるもの………接続詞
          - 独立語となるもの………感動詞
    - 活用のあるもの—述語となるもの…………（**用言**）
      - 動　詞
      - 形容詞
      - 形容動詞
  - 付属語
    - 活用のあるもの……………………………助動詞
    - 活用のないもの……………………………助　詞

◎「橋本文法」の考え方＝「文節」を基本とした文法

☞「文節」＝文を「実際の言語」として区切っていって得られる最小単位

例(1)　今日、大学ではもう来年度のガイダンスが行われた。（☞文節に区切ってみよう）

☞ i. 独立で文節を作れるか

ii. 断続（切れ続き）をどう表すか

＊「『実際の言語』として」とは、結局助詞・助動詞のようにそれだけで使えないものが出てくるほどには切らないということである。

という点から語を分類する。

体言	……	自ら断続を表さない
用言	……	自ら断続を表す
副詞・連体詞・接続詞	……	続く
感動詞	……	切れる

☞ 一応ここまでは「文節」を基礎に一貫した考え方で分類している。しかし、これより更に用言を三つに分ける等は、別の基準をとり込むことになる（だから、分類としては、折衷的な部分がある）。

②文構造の説明

文の構造は、文節の関係として説明される。

☞ 主述・修飾・並列・補助

例(2)　桜が咲く。（主述）

(3)－a　オムライスを作る。／詳しく説明する。（連用修飾）

(3)－b　コップの水を（飲んだ。）／晴れた空、そよぐ風　（連体修飾）

(4)－a　そこで車を止めて、降りた。（並列）

(4)－b　美しく青いドナウの流れが…　（cf. 美しい青いドナウの流れが…）（並列）

(5)　いつまでも寝ている。／吾輩は猫である。／狼なんかこわくない。（補助）

連文節（いくつかの文節がひとまとまりとなって働く）

例(6)　非常に詳しく説明する。

検討課題　次の(7)文及び(8)－ａｂ文は、学校文法（橋本文法）では、どのように分析されるのだろうか。また、そのような分析で問題はないのだろうか、考えてみよう。

例(7)　色の白い花が咲く。

(8)－a　恵美子がすぐに立ち上がった。

(8)－b　恵美子がリンゴを食べた。

2. 文法と言語生活

言うまでもないことだが、ここでいう「文法」とは、言語に内在する事実としての規則性のことである。したがって、それは、その時代その時代においては言語表現を文える守らなければならない規則性という面を確かにもっている（次のaのようなことを言うつもりでbのように言っても、現在の日本語として正しくない（＝通じない）ということになる）。

例(9)－a　頼朝は平家に背いて挙兵した。
(9)－b　＊頼朝は平家を背いて挙兵した。

しかし、実は、かつてはbの「～を背く」ような言い方も十分可能であった。かつては正しかった言い方が正しくないものになり、また、かつては認められなかった言い方が認められるようになることもある。ことばの規則性としての「文法」は、時代時代において、変化していくものでもある。

検討課題　「見れる」「食べれる」といった〝ら抜き言葉〟が使われることが、しばしば言葉の乱れだとして問題になってきたが、これはどのように考えることができるのだろうか、検討してみよう。

ステップB

1. 活用

動詞の活用について考えてみよう。現代語の動詞の活用は、五段・上一段・下一段・カ変・サ変の五つとされている。このうち主要なものは、五段・上一段・下一段で、次のような活用表が書かれる。

〔表7-1　活用表(1)　伝統的な活用表〕

五段動詞　（例）「書く」	
未然形	か－カ（ナイ）
連用形	か－キ（マス）
終止形	か－ク。
連体形	か－ク（時）
仮定形	か－ケ（バ）
命令形	か－ケ！
上一段動詞　（例）「生きる」	
未然形	い－キ（ナイ）
連用形	い－キ（マス）
終止形	い－キル。
連体形	い－キル（時）
仮定形	い－キレ（バ）
命令形	い－キヨ［／い－キロ］！
下一段動詞　（例）「食べる」	
未然形	た－ベ（ナイ）
連用形	た－ベ（マス）
終止形	た－ベル。
連体形	た－ベル（時）
仮定形	た－ベレ（バ）
命令形	た－ベヨ［／た－ベロ］！

しかし、これでは本当に変わっているところはどこで変わらないところはどこかと

□

＊五段活用の未然形には、もう一つ「か－コ(ウ)」のようなオ段の形をたてる。しかし、「書こう」のような意志の言い方は本当は"kako"と文末の母音をのばしているのだから、「かコ」と助動詞「う」に分けるのはおかしい。むしろ、「書こう」を「書く」の意志形という一つの活用形として、活用形の整理の仕方を大きく見直すような考え方をとる方が妥当だろう。

いったことは、よく見えない。次のようにすると、五段活用は語末の母音が交替するのであり、上一段・下一段活用は、ゼロ語尾の形と-ru -ru -re -yo といった語尾がつくことで語形変化していることが分かる。

〔表７－２　活用表(2)　ローマ字活用表〕

五段動詞・（例）「書く」	
未然形	kak-a（nai）
連用形	kak-i（masu）
終止形	kak-u 。
連体形	kak-u（toki）
仮定形	kak-e（ba）
命令形	kak-e！
上一段動詞　（例）「生きる」	
未然形	iki-ø（nai）
連用形	iki-ø（masu）
終止形	iki-ru 。
連体形	iki-ru（toki）
仮定形	iki-re（ba）
命令形	iki-yo［／-ro］！
下一段動詞　（例）「食べる」	
未然形	tabe-ø（nai）
連用形	tabe-ø（masu）
終止形	tabe-ru 。
連体形	tabe-ru（toki）
仮定形	tabe-re（ba）
命令形	tabe-yo［／-ro］！

このような整理では、五段活用の動詞は子音までが変わらないところなので「子音語幹動詞」、上一段・下一段活用の動詞は、それぞれｉｅで終わる語幹なので「母音語幹動詞」と呼ばれる。このような見方をすると、ことばの仕組みがよりよく見えるところがある。

例題　「書かせる」「食べさせる」のような使役表現の形は、どのようにしてできると説明できるか、右の活用の考え方を手掛かりに考えてみよう。

＊「せる」「させる」のように使役の助動詞が二つあるなどと考えずに、もっとシンプルに整理できないか。

検討課題 **ステップA** で見た「ら抜き言葉」が作られることと、「言える」「書ける」などの可能動詞が作られることは、実は統一的に説明できる。考えてみよう。

2. 敬語

敬語は、一般に「尊敬語」「謙譲語」「丁寧語」の三つに分類されてきた。以下、まずこの三つの違いについて確認しておく。

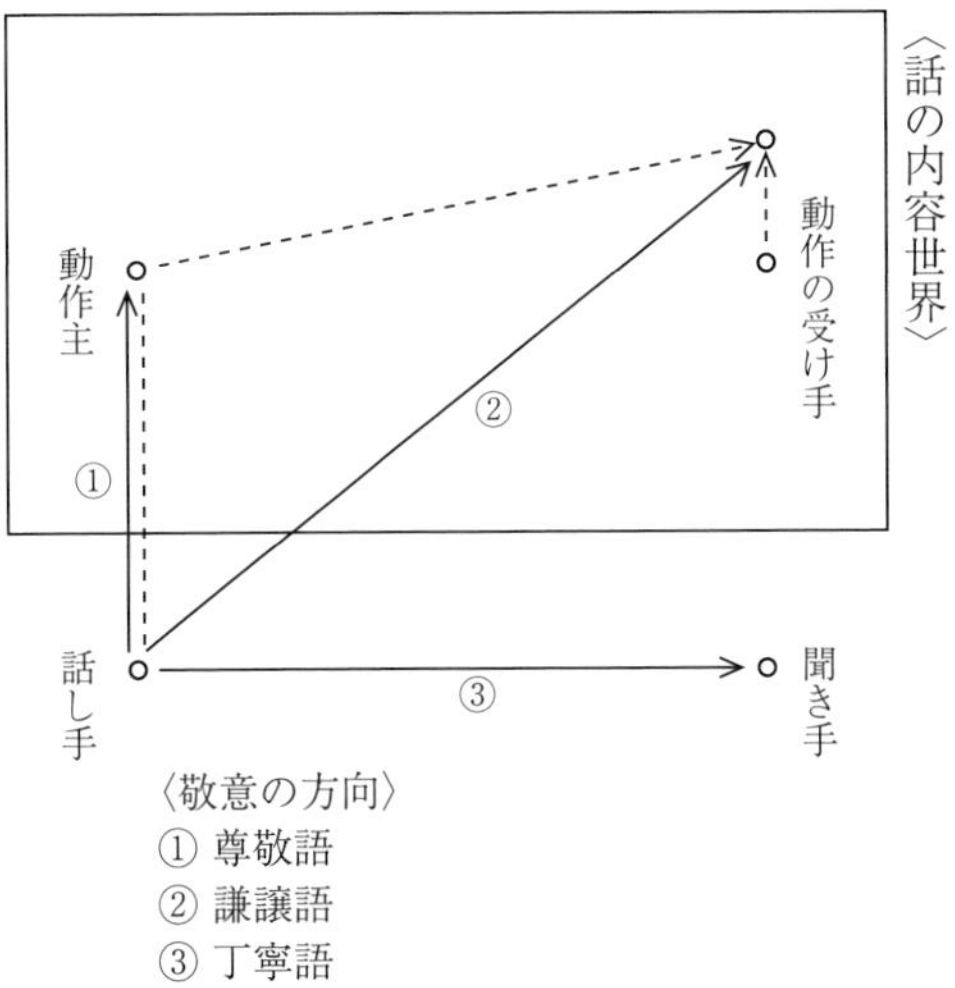

〔図11　敬語の三種と敬意の方向〕

尊敬語…話し手が、話の内容世界の動作主への「敬意」をあらわすもの。

例(1)　先生がお話しになった。

謙譲語…話し手が、話の内容世界の動作主の動作を描くことを通して、動作の受け手への「敬意」をあらわすもの（動作主は相対的に低く扱われる）。

例(2)　母が先生にお話しした。

丁寧語…話し手が、聞き手への「敬意」をあらわすもの。

□

＊一応「敬意」としておくが、現代敬語は、〝敬いの気持ち〟を常に表すものとはいえない。現代敬語が何のために用いられているのかについては、各自自分の体験をふまえて考えてみるといいだろう。

例(3)　わかりました。すぐそのことを話します。

さらに、これに「丁重語」「美化語」を加える説もある。

丁重語…話し手が、自らの側の動作・ものごとをへりくだってていねいに言い、それを通して、話し手の聞き手への「敬意」があらわされるもの。

例(4)　手配は、当方で致します。

美化語…話し手が、自分の言葉づかいに配慮し、ものごとを品よく述べるもの（第11講 ステップA の2に既出）。

例(5)　ごはんを召し上がりますか、それとも、お酒にしますか。

☞ 平成一九年二月に出された文化審議会の答申「敬語の指針」では、尊敬語・謙譲語・丁寧語に丁重語・美化語を加え、謙譲語を「謙譲語Ⅰ」、丁重語を「謙譲語Ⅱ」として、従来の一般的な三分類を五分類に改める考え方が示されている。

敬語はことばによって人を取り扱う（待遇する）表現の一つである。そこで、最近では、敬語は「待遇表現」の一つとして論じられることが多い。「待遇表現」は、いわゆる敬語に限定されるものではなく、ことばの上で人を待遇する表現をより広く扱う概念である。

＊国語学者宮地裕（一九二四〜）の説。

＊丁重語は丁寧語に連続するものであるから、丁重語の動詞は、文末言い切りで用いられる時は、必ず丁寧語の「ます」を伴う。

現代敬語は、丁寧語中心である。それゆえ、使い慣れないところがあるのか、尊敬語と謙譲語の取り違えのような誤用が起こりやすい。

例題　次の例（1）（2）の文に敬語の誤りがあれば、指摘して訂正してみよう。

（1）先輩が今申されたことに、私も賛成です。

（2）さっき、庭の梅の木に水をあげた。

現代語では、いわゆる敬語とはやや異なるが「～シてやる」「～シてくれる」「～シてもらう」のような、補助動詞による一種の待遇表現が発達している。このような表現を「受給表現」という。受給表現は、動作・行為を描くことを通して、同時に、それによって恩恵を受ける・与えるといった観点から人間関係を表すものと言える。

例(6)－a　千恵が祥平にメガネを買ってやる。
(6)－b　千恵が祥平にメガネを買ってくれる。
(6)－c　千恵が祥平にメガネを買ってもらう。

補説 主語について

日本語の主語については、しばしば問題にされてきた。一般的には、主語とは動作・状態の主体を示すものであり、日本語では「～は」「～が」の形をとるものだというように考えられることが多い。

しかし、英語などの場合、"I go."―"He goes."のように、主語の人称によって、動詞の形が決定される。つまり、英語などの「主語」は述語の形を決めるという意味で文表現の組み立てに決定的な役割を担っている（だから、主語が決まらないと文ができない）。これに対して、日本語では「～は」「～が」を主語と考えるにせよ、これらが述語の形を決めるというようなことはない。その意味で、日本語には西欧語のような「主語」はないということになる。

また、「～は」「～が」の形が常に動作・状態の主体を表すともかぎらない。とりわけ、「～は」の場合、つぎのように〝主体〟といえないようなものが、ごくふつうに出てくる。

例(1)　命はもらった。（「命をもらった」ということを言っている）

(2)　ＴＤＬは、もう三回も行ったよ。（「ＴＤＬにもう三回も行った」ということを言っている）

「～が」も、動作・状態の主体を表すととれることは多いが、感情形容詞を述語とするような場合、その感情の主体ではなくて、対象を示すのに用いられる。

例(3)　高校時代が懐かしいなあ。

「～は」「～が」だから主語だなどと簡単には片付かないのである。「～は」は、むしろ、主題をとり上げるものだと考えられる。そう考えれば、次のように「～は」「～が」が重ねて用いられる文も理解できる。

＊こうした「～が」を対象語という。

例(4)　象は鼻が長い。

「象は」は主題（テーマ）であり、それについて「鼻が長い」とコメントがなされる文だと言える。

◎これは何？(3)

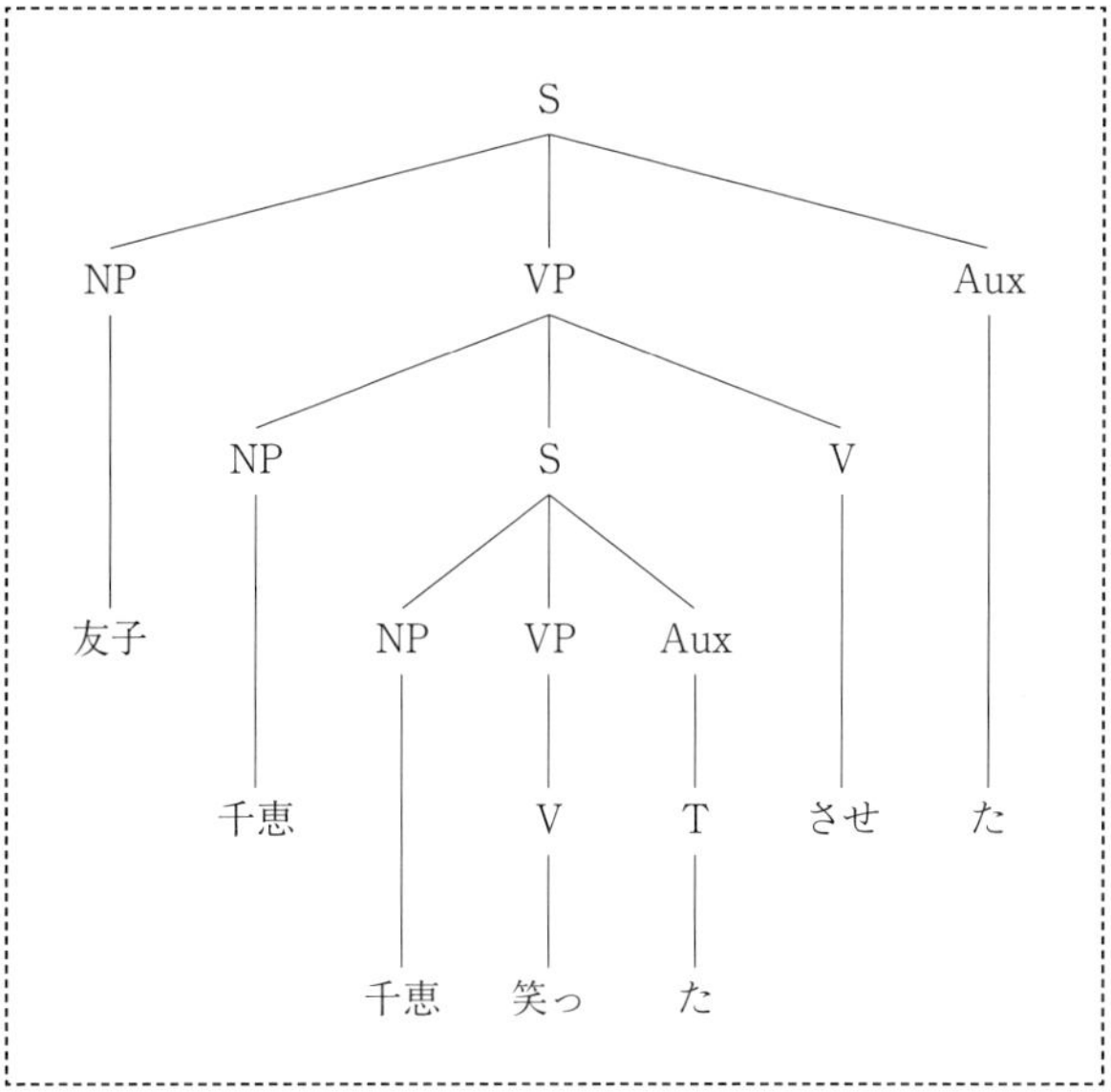

◎挿図の説明

上記は、ツリー・ダイアグラム（樹形図）と呼ばれる文の構造分析の図で、とりわけ変形生成文法という文法理論による研究では、よく用いられる図である。上は「友子が千恵を笑わせた」という文の構造を示した書き方の一つで、この文の表す内容を論理関係がはっきりするように正確に書きとめた形であるとして示されるものである。このような分析図も見知っておくとよい。

第13講　日本語の文法(2)

ステップA

1．現代の文法研究の考え方

①文の構成要素には、単語より大きなまとまりがある

☞文は、必ずしもそのすべてを単語に分解して考えるべきものではない。完全に単語に解体してしまっては、仕組みが分からなくなる。

例(1)　正直者がばかを見るとは悔しいな。

（×「ばかを眺める」とは言えない。）

☞「うそをつく」「縁を切る」「（中立の）立場をとる」

（この意味の言い方としては、「つく」「切る」「とる」でないといけない。）

例(2)　知らないくせに、生意気なことを言うな。

(3)　メイン・ホールにおいて、大規模なレセプションをおこなった。

□

（「くせに」は逆接の接続助詞のような関係を表すものであり、「において」も「で」に近い格助詞のような表現になっている。）

(4)　すぐに帰った方がいい。
（「すぐに帰った方が非常にいい」などというのはおかしい。）

検討課題　「くせに」「において」「方がいい」などのように、いくつかの語がひとまとまりになって、付属語（辞）のように働いているものを「複合辞」という。他に複合辞といえそうな語のまとまりはないだろうか。いろいろあげてみよう。

②文は層をなした構造を形成する

〈Ⅰ〉〈Ⅱ〉〈Ⅲ〉〈Ⅳ〉
例(5)　それ位では、おそらく弘実は先生に叱ら・れ・なかっ・た・だろう。
（×「叱ったられないだろう」「叱るだろうなかった」などなど）

〈Ⅰ〉態（ヴォイス—受身・使役・能動など）
〈Ⅱ〉肯定—否定
〈Ⅲ〉時制（テンス—過去・現在・未来）
〈Ⅳ〉法（ムード（モダリティとも）—確言（断定）・概言（推量の類）など）

＊他の要素を挿入しにくいということは、ひとまとまりという性格が強いことを示す

検討課題　Ⅰ～Ⅳのような文法的意味がこの順に層をなして現れることは、どのようなことを意味しているだろうか。この並びの意味を考えて見よう。

③述語にかかる文の構成要素（成分）の性格（役割）はどれも同じだとはいえない

例(6)－a　恵美子は朝食を急いで食べた。
(6)－b　恵美子は朝食を食べた。
(6)－c ?恵美子は急いで食べた。

「必須成分」と「任意成分」

2. 語用論――文法論の隣接分野

文は、描くべき事実・事柄がまず存在して、それをことばにしているものだと考えられがちだが、文が発せられることで事実が生み出されるような場合がある。次のように言うことではじめて〝開会〟〝謝罪〟という事実が生じる。

例(7)　これより、本年度総会を開会致します。
(8)　ご迷惑をおかけ致しましたことを心よりおわび申し上げます。

□

このような、事実を生み出す文を「遂行文」という。

人間は、文を用いてただ情報を単に伝えているわけではない。そのような文を発することをとおして、いろいろな行為を行っている。たとえば、「もう酒は飲みません」という発言をすることで、人は、場合により「約束」「断り」「謝り」など、さまざまな行為を行う。ことばを発することで行われる行為を「発話行為」という。

言語の構造（とりわけ、文の組み立ての規則性）を論じるのが「文法論」であるのに対して、言語と人間の関係、人間は言語をどのように使って何をするのかを研究する分野は「語用論」と呼ばれる。今日、ことばの働きを明らかにするには、文法論だけではなく、隣接分野である語用論の研究が重要な意味を持つことが認識されている。

例題　遅刻してきた学生が、ドアを開けて教室に入り、そのまま席に着いた。すると、教師が「おい、ドアが開いている」と言った。この発話で教師は何を言おうとしているのか、またどうしてそのようなことが分かる（伝わる）のか、考えてみよう。

ステップB

1. 現代の文法研究への導入——知っておきたい基本事項のいくつか

①迷惑受身

福田が　堤に　なぐられた。

堤が　福田を　なぐった。

受身文は能動文に、能動文は受身文に過不足なく要素を入れ替えて書き直せるものと考えられがちである（英語の場合などは、実際そうである）。しかし、次のようにそうした書き換えができない受身文もある。

例(1)　誠は、昨日雨に降られた。

(2)　警察は、二十面相に予告どおり財宝を盗まれた。

☞この種の受身文には、一般に〝迷惑シタ・困ッタコトダ〟といったニュアンスがついてまわる。このタイプの受身文を文法学者三上章は「ハタ迷惑の受身」と呼んだ。このとおり、日本語の受身文には、過不足なく要素を入れ替えて能動文に書き直せるもの（直接受身）と、そうでないもの（間接受身（迷惑受身））の二つのタイプがある。そして、後者のような受身文は、日本語に特徴的なものといえる。

例題　友子は冷蔵庫にあったメロンを夕食代わりに食べたが、そのメロンは千恵が大切にとっておいたものだった。この状況を受身文で表現して見よう。

間接受身（迷惑受身）は、文で述べられるその出来事によって迷惑・被害などの影響を被る者を主語にもってきて、その影響関係を述べる表現といえる。

②金田一の四分類

金田一春彦は、動詞が「〜テイル」の形をとれるかとれないか、とったらどのような意味になるかで、動詞を四分類した。

---

*三上章（一九〇三〜一九七一）は、文法学者。アカデミズムの外にあって独自の文法学説を展開した。

*金田一春彦（一九一三〜二〇〇四）は、国語学者。国語学全般に柔軟な視点から幅広い業績を残した。

状態動詞（〜テイルの形をとれない）
（例）ある、要る　など
継続動詞（〜テイルの形をとって動作が進行中の意味を表す）
（例）歩く、食べる、降る　など
瞬間動詞（〜テイルの形をとって瞬間的な動作が終わって、結果が残存することを表す）
（例）死ぬ、こわれる、（電燈が）つく　など
第四種動詞（言い切り述語としては、〜テイル形しかとれない）
（例）似る、そびえる　など

☞動詞の分類という形になっているが、これは日本語のアスペクト研究の出発点となった。

☞動詞の表す動作・作用は、時間の流れの中で、始まりの段階・継続する段階・終わりの段階（さらには、その結果の段階）というように展開するが、そのどこに焦点を当てて言うかの文法的区別を「アスペクト」という。「進行」「完了」といった表現は、アスペクトの表現である。

＊今日では、しかし、日本語のアスペクトの問題は、このように〝動詞＋テイル〟の形だけを見ていても説明しきれないことがわかっている。アスペクトの問題は、文の意味全体を視野に入れて考える必要がある。

③時制

日本語の時制は、述語用言が「～スル」形（終止形）をとるか「～シタ」形をとるかということ、及び述語用言の意味によって決まる。

例題　「彼女がそのピザを食べるよ」という文の述語動詞「食べる」は、時制として過去・現在・未来のどれを表しているか。「七味唐辛子はテーブルの上にあるよ」はどうか。それぞれ答えなさい。

④「だろう」と「らしい」

「だろう」と「らしい」（「ようだ」「そうだ」なども）は、ともに「推量」と呼ばれるが、本当に主観的な話し手の判断の表現は、「だろう」だけである。

例(3)－a　雨が降るだろう。
　　↓　雨が降るだろうか。
(3)－b　雨が降るらしい。
　　↓　?雨が降るらしいか。

☞ 疑問文の形にすると分かるように、「だろう」の方は常に話し手の判断を表すものといえるが、「らしい」の方は、そもそもこのような疑問の言い方が、特別な状況でもなければ使われることはない。

また、「らしい」は「らしかった」と過去の言い方にできる（つまり、過ぎたこととして客観化できる）。

例(4)－a ＊雨が降るだろうた。
(4)－b 雨が降るらしかった。

学校文法では「推量」とひとまとめにされるが、右のような違いがあることは、早くに指摘されていた。文末（述語末）の、こうした話し手の判断にかかわる形式（モダリティ（もしくはムード）形式）については、詳しく研究されてきている。

＊どういう状況でなら言えそうだろうか。

＊話し手の判断・主観にかかわるモダリティの表現は、文末（述語末）以外にも現われる。たとえば「おそらくそうなるだろう」「やっぱりそうだ」のような副詞は、話し手の判断・主観にかかわるモダリティ表現といえる。

第14講　日本語の方言

ステップA

1. 方言とは

同一の言語が地域によって違った姿をとっている場合、それらをその言語の「方言」という。たとえば日本語の方言は、日本語の地域的な変種だといえる。しばしば、「しばれる」（ヒドク冷エ込ム）とか「あかん」（ダメダ）とかいったある地域で使われる特有の単語（あるいは、言い回し）を方言と呼ぶことがあるが、日本語の研究においては、「方言」とは、単語に限らずある地域で使われるその土地の日本語をトータルにとらえて言う用語である。その意味で「地域言語」という呼び方がされることもある。

言語には、地理的原因や人為的原因によって、地域差が生じるのが普通である。日本語においても、もちろん地域差が見いだされる。

☞ 参考までに、夏目漱石「坊っちゃん」の冒頭の一節とその方言訳をあげる。その違いを観察してみよう。

□

＊ある地域のことばに特有な単語は「俚言」と呼ばれる。

（原文）親類のものから西洋製のナイフを貰って奇麗な刃を日に翳して、友達に見せて居たら、一人が光る事は光るが切れそうもないと云った。

（方言訳）

i．親類《おやく》の人《ふと》から西洋作りのナイフ貰って奇麗だ刃こ日《し》さ翳《かざ》して、友達さ見ひぇて居たきゃ、一人《しとり》ぁ光《しか》る事ぁ光《しか》るばて切れそもねなと言《さべ》った　（青森県弘前市）

ii．親類《ながま》から西洋の小刀貰って奇麗な刃《はー》お天道《でんと》さまで光《しか》らせで友達《ともだじ》げ見せでだら、その友達《ともだじ》、光《しか》んな光《しか》んが、切れそーもねっ言《ち》った　（茨城県水海道市《みつかいどう》）

iii．親類《しんりい》のもんから西洋製のネャーフ貰って、奇麗な刃を日に照《てれ》ぁあて、友達に見せとったら、一人が光る事あ光るが切れそうもねぁと言った。（愛知県名古屋市）

iv．親類のもんから舶来のナイフ貰《もろ》て奇麗な刃《はあ》を日《ひい》に当てて、見せてたら、一人が光《ひか》るのんは光るけど切れそもない言《ゆ》うた。（京都市）

v．親戚《いちりい》のもんから西洋《しえいよう》の小刀ば得て立派《じっぱ》か刃ば光らきゃあて、仲間《なかみゃ》あ見しぇとったぎい、一人《ひとい》が光《ひか》あこたあ光《ひか》あばってん切ればしすっかあて言《ゆ》うた。（佐賀県小城郡）

（i～vは、徳川宗賢『言葉・西と東』による）

2．東西のことばの境界線と方言区画

①ことばの東西差

同じ日本語でも地域によって違いがあることは、古くから認識されていた。とりわけ、まず意識されるのは、東西の方言的な違いといえるだろう。日本語の東西の違いの境界について、明確な形で述べられたものとしては、国語調査委員会（明治三五年設立）の『口語法調査報告書』（明治三九年）の指摘が最初である。

> 仮ニ全国ノ言語区域ヲ東西ニ分タントスル時ハ大略越中飛騨美濃三河ノ東境ニ沿ヒテ其境界線ヲ引キ此線以東ヲ東部方言トシ、以西ヲ西部方言トスルコトヲ得ルガ如シ

☞ 違いの実際

（東）落トシテシマッタ人モイルソーダ。ナクサナイヨーニ気ヲツケロ。

（西）落トシテシモータ人モオルソーヤ。ウシナワンヨーニ気ーツケー。

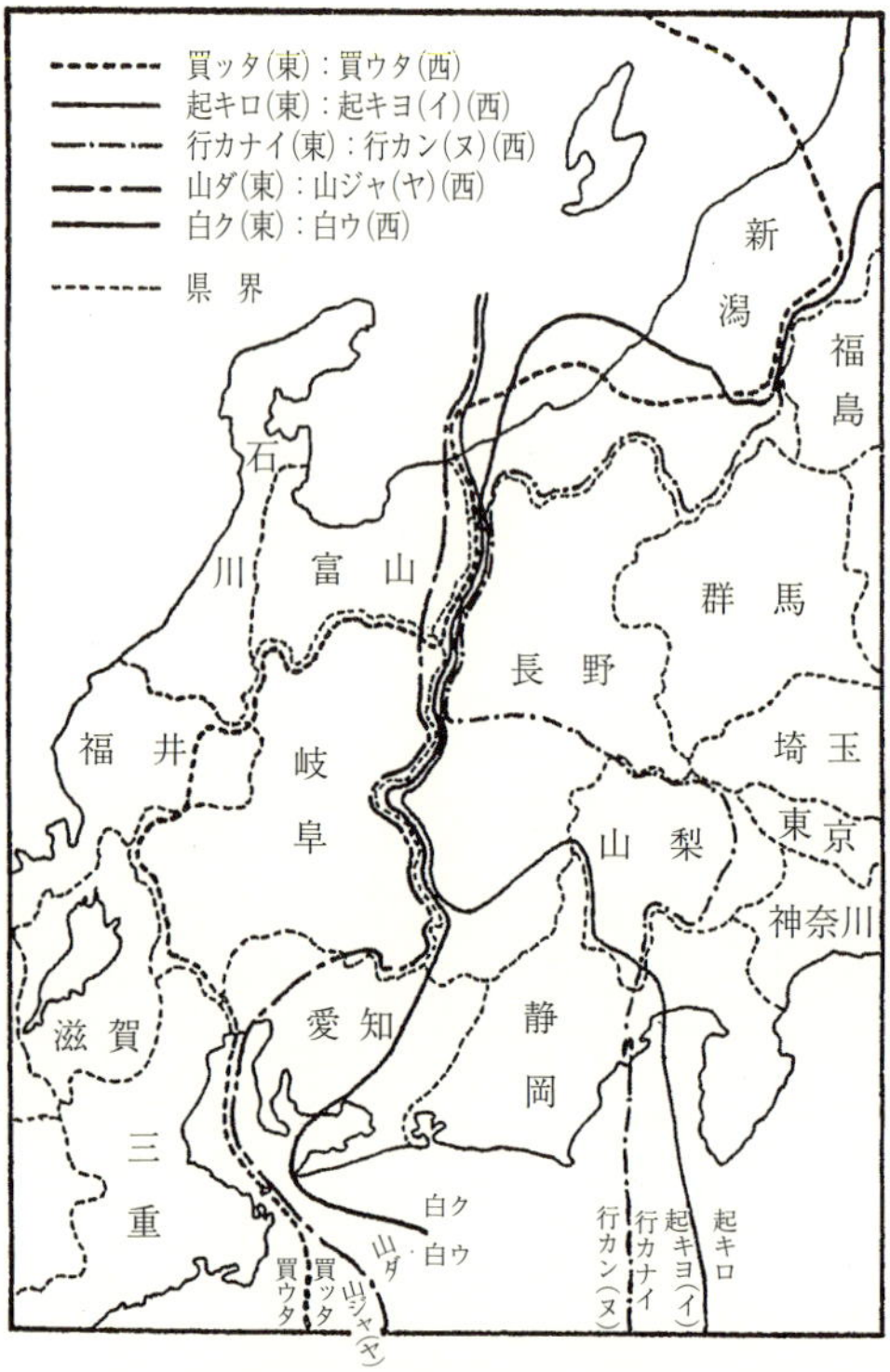

（牛山初男氏作成の図に拠る。図は、金田一春彦『日本語セミナー 4』より）

〔図12　東西方言の境界〕

②方言区画論

日本語の地域差は、もちろん東西の違いに終わらない。必然的に、日本語を地域によって分けてみるという考え方が出てくる。

☞ たとえば、次は方言学者東条操（一八八四〜一九六六）の考え方である。

本土方言
- 東部方言（北海道方言・東北方言・関東方言・東海東山方言・八丈方言）
- 西部方言（北陸方言・近畿方言・中国方言・雲伯方言・四国方言）
- 九州方言（豊日方言・肥筑方言・薩隅方言）

琉球方言（奄美方言・沖縄方言・先島方言）

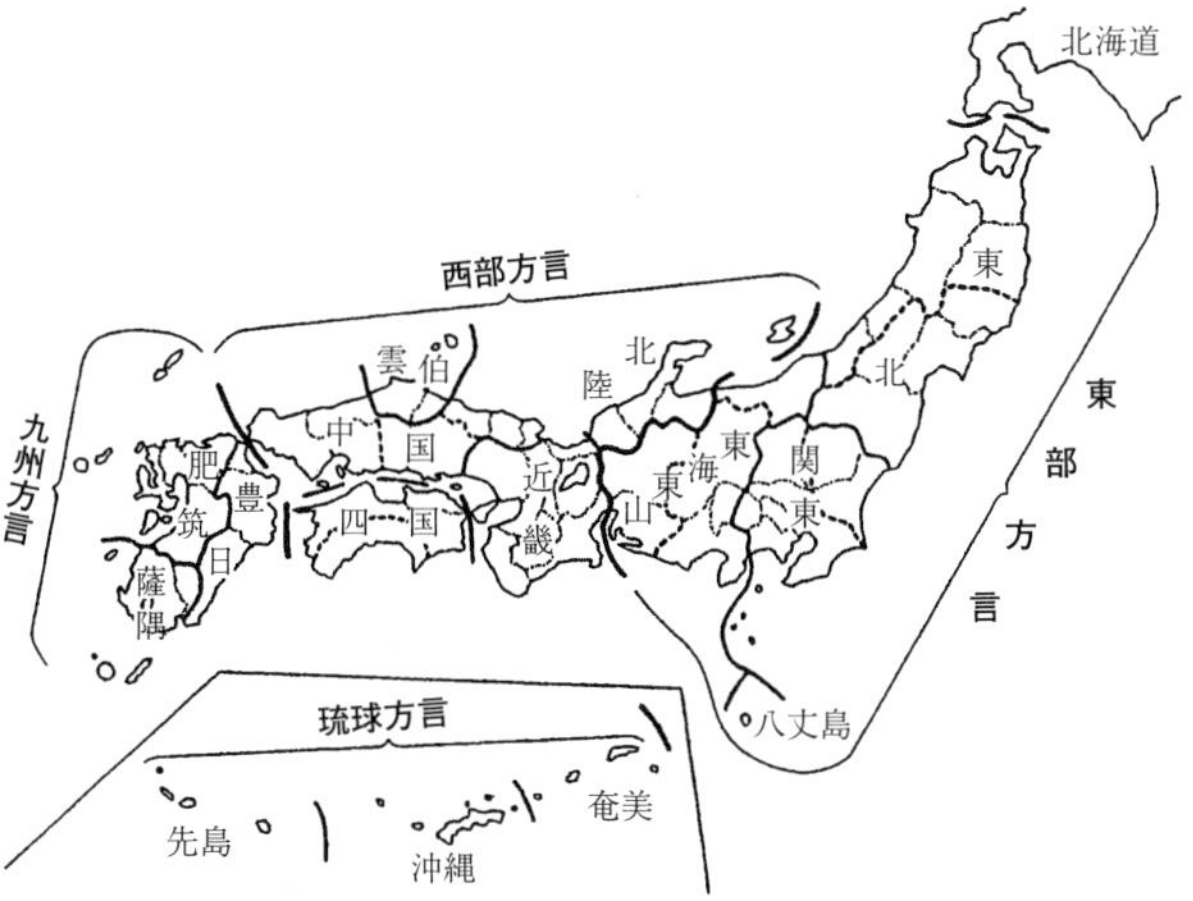

（大西拓一郎「日本の方言概説」（国立国語研究所『方言と日本語教育』所収）より）

〔図13　日本の方言区画〕

＊もちろん東条説とは別の考え方に立つ何人かの研究者によって、別の区画の仕方も提唱されている。

検討課題　各地の方言に関して、理解を深めたい。次の（1）（2）について調べてみよう。

（1）松本清張の小説『砂の器』は、ある殺人事件を追ったものだが、犯人特定の手掛かりとして、東北方言と雲伯方言のある共通性が問題になってくる。どういうことなのか、調べてみよう。

（2）西日本では、「落ちよる（落ちよー）」のような「〜よる」と、「落ちとる（落ちとー）」のような「〜とる」とが違う意味を表す表現として使い分けられている。どういう違いか、調べてみよう。

3. 言語地理学

言葉の地理的変異は、言葉の変化の跡（歴史）の反映であるという考え方もできる。そのような考え方を念頭に置きつつ、言葉の地理的変異を研究するのが「言語地理学」である。

この分野の古典的業績として知られているのが、柳田国男『蝸牛考』（昭和二年（一九二七）である。柳田は、「カタツムリ」（蝸牛）を指す方言を調査して、それらが京阪地域を中心として同心円的に分布することを指摘した。そこに示された見方は「方言周圏論」と呼ばれている。

□

＊「言語地理学」は、「方言地理学」とも呼ばれる。

（ナメクジ（ツブリ（カタツブリ（マイマイ（デンデンムシ）マイマイ）カタツブリ）ツブリ）ナメクジ）

←近畿圏→

☞「方言の地域差は、大体に古語退縮の過程を表示して居る。」

（『蝸牛考』第一章末より）

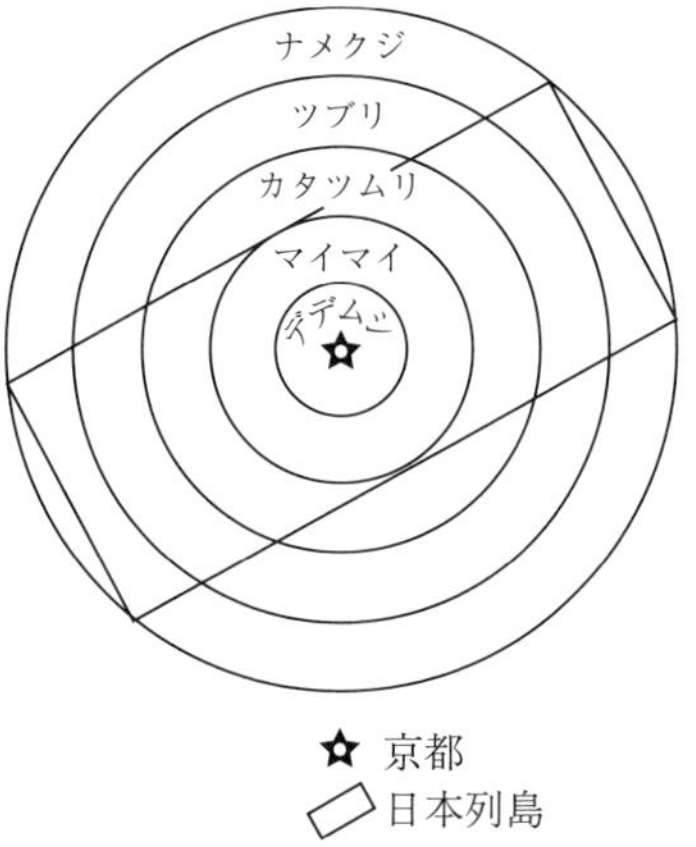

（岩波文庫『蝸牛考』付載の柴田武の解説による）

〔図14　『蝸牛考』による蝸牛方言の周圏分布（イメージ図）〕

ステップB

1. 言語地図とその解釈

言語地理学では、言語事象の地理的分布から、言語の変化のあり様やそのような分布になった要因を読み解いていく。言語地理学においては、調査に基づいて作成された言語地図が用いられる。

例題　次の言語地図を読んでみよう（後の解説文の空欄に適切な文字・語句を補いなさい）。

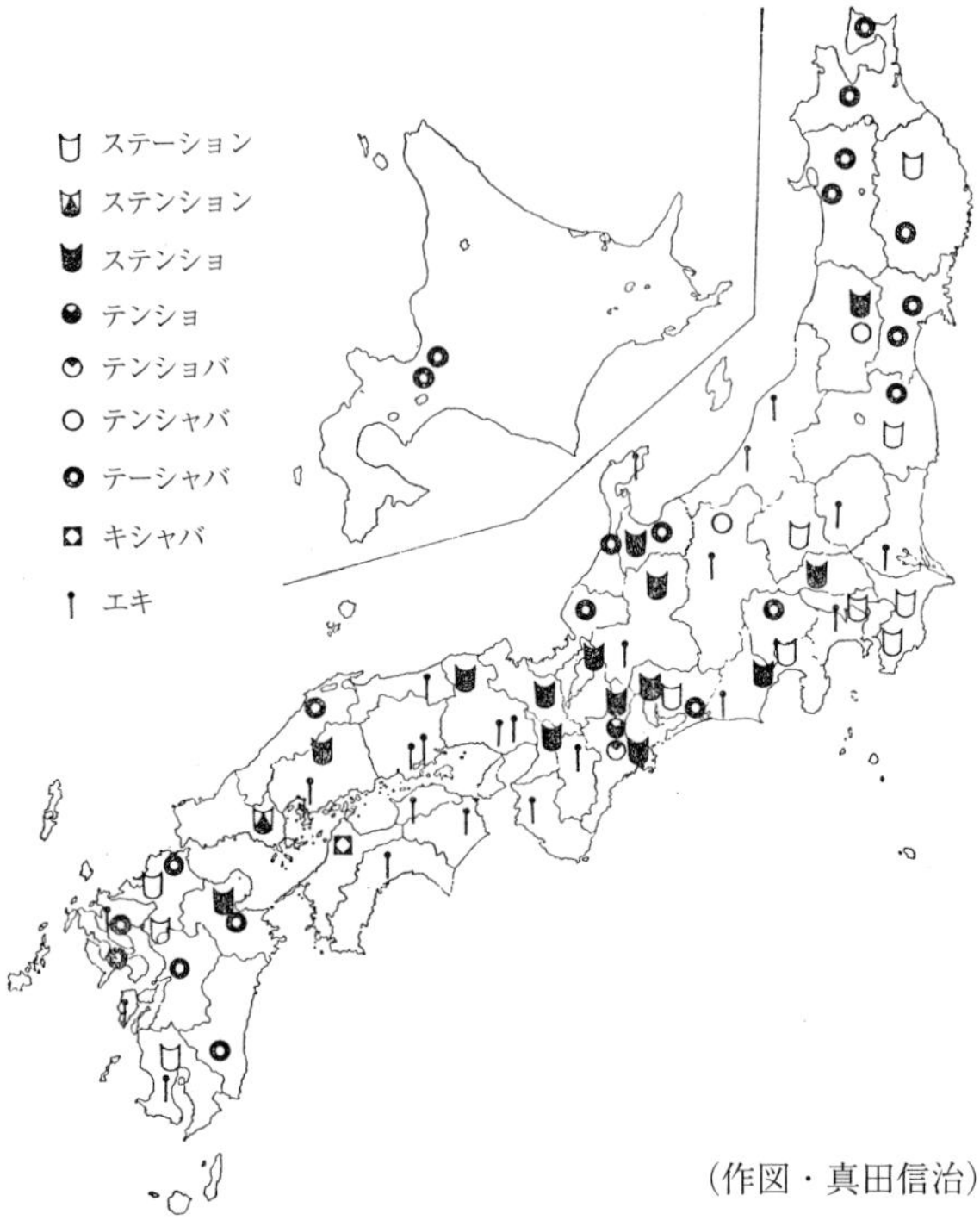

（作図・真田信治）

〔図15　「駅」の方言分布〕

ここで、鉄道の「駅舎」を表現する形式についての全国分布を見てみよう。図は、各地での現代の老年層の人々のことばを対象としたものである。が、中には理解語彙のレベルでのものもあって、現在、その地で必ずしも一般に使われているとは限らないことばも混っていることをことわっておきたい。

この図によって、まず指摘されることは、列島の比較的辺境の地域に（①）が分布することである。分布の様相からはこの（①）が最も（②）形式のようにみえる。しかし、この点については疑問がある。というのは、地方では、中央語においてのステーション↓停車場といった表現形式の交替が起った時点以降に鉄道が普及した場合も多いと考えられるからである。したがって、分布の様相だけから単純に（①）が（③）類よりも古いとすることはできないであろう。ただし、（①）が（④）よりも古い表現形式であることは、この図からも確実にうかがえることである。

次に注目されるのは、ステーション類の分布領域である。（③）は（⑤）を中心として（⑥）日本に散在している。また、飛んで九州にも散在する。一方、この（③）に囲まれるようにして、近畿の周辺部に（⑦）という語形が存在している。分布の様相から、ステンショは（③）より（⑧）く、おそらく（⑨）あたりを中心に拡がったものと推定される。三重には、ステンショがさらに変形した（⑩）という語形がみえ、なお、テーシャバと（⑪）したと思われるテンショバという語形もみえる。先に、ステンショという語形が東京でも口頭語として使われた例のあることを示した。そして、その語形の運用には特定のニュアンス［注・「一種の俗なひびき」］が感じられることを指摘したが、以上のステンショの分布上の位置づけによってこの点が解明できるのではなかろうか。

すなわち、ステンショは（⑨）独自の表現形式とはいえないにしても、本来、（⑨）方面を土壌として拡大した形式であった。そして、東京で文体的特徴をやや異にするものとしてこの語が使われるのは、このような地理的背景も要因となっていたのではないかと考えるのである。

（図15と文章は、ともに真田信治（一九八一）「地域とのかかわり――交通と通信の外来語」（飛田良文編『英米外来語の世界』所収）による）

2. 方言と共通語

共通語とは、必ずしも東京の人々の言葉とイコールではない。

☞「デカイ」「オッコチル」（→東京方言）

☞事実上共通語の基準になっているのは、テレビのアナウンサーが放送で使うことばだと考えられる。

「共通語」と「標準語」…用語としては、しばしば同様に用いられるが、後者には規範的・理念的な含みが感じられるという見方もある。

共通語化の実際…学校教育やマスメディアの影響によって、共通語化（地域のことばが全国で共通に使われるようなことばに切り替わっていくこと）の進行は今日顕著ではあるが、必ずしもすべての場面でそうだとは言えない。また、全国共通語に対して地域共通語というべきものも現実に存在する。

☞たとえば、関西では大学の学部の年次を「何回生」という（それが、共通語的だと思っている）。

3．新方言・ネオ方言

方言研究では、伝統的な地域言語の実態を記述することももちろん大切であり、また急務であるが、また、今日のことばの動きをとらえていくことも、重要である。そこで、地域の言語の動きや実態をとらえていくために、新たな考え方が提唱されてきている。

①新方言

従来の方言的な言い方が失われる一方で、地域において現在勢力を拡大しつつある新しい方言形もある。そのような方言的言い方を、井上史雄は「新方言」と呼んだ。

(例)「違かった」(「違う」の過去の言い方)…北関東で先に用いられるようになった新しい言い方が、東京都区内にも進出している。

「ケンケン」(「かたあしとび」)…元は瀬戸内から近畿に広がり、東海地方にも一部見られた言い方だが、東海道沿いに北上したらしい。

「チャリンコ」…「自転車」を表す方言形と意識される。広範囲に広がっている。

「せんひき」(プラスティック定規)…東日本の新方言と言える。

□

＊井上史雄（一九四二〜）は、社会言語学者。

＊井上は、「新方言」を次の三点で規定する。

(1)標準語と認められる形と違うこと。

(2)若い世代でなお使用者が増えつつあること。

(3)話し手自身が非標準語として扱うこと（改まった場面より、ふだんの場面で多く使うこと）。

②ネオ方言

標準語（共通語）が一般化した今日においては、標準語の干渉（影響）によって、伝統的な方言に変容が生じる。標準語との接触を通して新たに生まれた（新たな形に姿をかえた）地域言語を、真田信治は「ネオ方言」と呼んだ。

（例・大阪方言の（女性の）咎めだての言葉）

「あかんやないか／あかんがな」（伝統方言的言い方）

⇓

「あかんやないの」（ネオ方言的言い方）

伝統的な言い方は、今日女性の自然な感覚からは遠いものになっているので、標準語的な言い方「だめじゃないの」の影響をうけた大阪方言的に聞こえる新しい言い方を作り出して用いている。こうした新しい言い方がネオ方言形であり、このように標準語の影響で生まれた新しい地域言語を、ネオ方言と呼ぶ。

＊真田信治（一九四六〜）は、社会言語学者。

＊また、真田説では「標準語」「ネオ方言」「方言」は、よりフォーマルなものからそうでないものへと段階的に位置づけられる異なる言語コード（言語体系）とされる。

第15講　日本語の位置

ステップA

1. 日本語の戸籍

日本語は、いわゆる膠着語に属する言語である。

日本語の系統関係は不明である（ステップB参照）。

◎言語の類型に関する古典的な分類
屈折語・膠着語・孤立語
• Der Lehrer erschrickt den Studenten.（ドイツ語・屈折語）
〈=the teacher〉〈=frightens〉〈=the student〉

↓	↓	
der Lehrer	der Student	（～ガ）
des Lehrers	des Studenten	（～ノ）
dem Lehrer	dem Studenten	（～ニ）
den Lehrer	den Studenten	（～ヲ）

• 今 天 天 气 很 熱.（中国語・孤立語）
（今日は［天気ガ］大変暑い。）
• 山東氏が　千恵を　ほめた。（日本語・膠着語）
cf. 山東氏を　千恵が　ほめた。

□

＊「膠着語」の「膠」とは、ニカワ、つまり昔の接着剤のこと。従って、「膠着語」とは助詞・助動詞のような文法関係を表す小さな語が、接着剤でくっつけるように実質的な意味の語を結びつけて文を形作っていくようなタイプの言語ということである。

日本語の使用人数

i．日本語を母語とするもの——約一億三千万人

☞中国語（一三億（第1位））・英語（五億一千万（第2位））

※日本語は世界第10～11位？（第6位という説もあったが、根拠不明）

ii．日本語を（非母語として）学習する人口——既に三〇〇万人ほどに達したという。

☞英語学習者（数え方によるが七億とも一〇億以上ともいわれる）

2．日本語はどういう言語か

①表現の傾向としては、日本語はナル型言語——すなわち、事柄を行為の主体を表立てず、出来事の生起として描く傾向がある（↔スル型言語）

例(1)「僕たち、六月に結婚することになりました。」

(2)「平成一二年から一〇月の第二月曜日が体育の日になりました。」

②日本語は非論理的か？

ex. I lost my hat. →「帽子を無くしました」（主語もなく、所有格も添えないでいいのは、非論理的なのか？）

☞ウナギ文…「AはBだ」型構文で、AがBに包摂される関係（たとえば、「彼

＊ちなみに「母語」と「母国語」は、異なる概念である。

＊二〇〇六年段階の調査で約二九八万人。

□

は学生だ」）でも、AがBに一致する関係（たとえば「あの人は服部さんだ」）でもないものをいう。非論理的な日本語表現としてしばしば問題になる。

例(3)「ぼくはウナギだ」

(4)「彼は女だ」

(5)「高松は岡山だ」

☞ それぞれどのように意味解釈できるか考えて見よう。

ウナギ文は、それが発せられた場面がどのようなものなのかが分からないと、意味が理解出来ない。つまり、場面依存度が高い表現だと言える。しかし、場面に依存する度合いが高いからといって、それで非論理的だということにはならない。

③日本語は特殊か？

日本語は特殊な言語だというようなことが、さしたる根拠もなく言われる。しかし、日本語は、世界の言語の中ではタイプとして決して少数派の言語ではない。J・H・グリーンバーグの基本語順によるタイプ分けで見てみると、次のとおり、日本語のようなSOVを基本語順にする言語は、英語のようなSVOを基本語順とする言語よりも、むしろ例は多いとされる。

☞ SOV型（世界言語の45％）、SVO型（世界言語の37％）、
VSO型（世界言語の18％）

＊グリーンバーグ（一九一五～二〇〇一）は、アメリカの言語学者。

＊S（主語）、V（動詞）、O（目的語）

検討課題　特殊だと言えるところが日本語にあるとすれば、それはどういう点だろうか、これまで学んだことを思い出しながら考えて見よう。

④日本語は特殊・非論理的といった発言が絶えないのはなぜか

エスノセントリズム…私たちは、ともすれば自分たちが特殊であるという意識をもちやすい。

言語に関する視野の狭さ…専門家でもなければ、私たちがある程度知っている言語は、せいぜい英語ぐらいである。この種の発言は、英語との違いをもとにした程度のものであることが多い。

ステップB

1．言語の系統と比較言語学

日本語は、どういう言語と兄弟・親戚関係にあるのだろうか――このような問題を論じる研究は、「系統論」と呼ばれる。言語の系統（親族関係）の研究は、比較言語学という領域で研究される。日本語の系統を考えるにあたって、まず比較言語学の用語としてもっとも基本的なものを、次にあげておく。

①語族と語派

語族…系統を同じくする（同じ一つの言語にさかのぼれる）言語のグループ
（例）インド・ヨーロッパ語族
語派…語族の下位区分としての言語グループ
（例）ロマンス語派（フランス語・イタリア語・スペイン語など、インド・ヨーロッパ語族の下位区分）

☞したがって、最初の問題は「日本語は何語族何語派に属するのだろうか」と言い直すこともできる。

②音韻対応

二つの言語を比較して、基本的な語彙について、語形が似ているだけでなく、規則的な音韻対応が見いだせるなら、それは、その二つの言語が同じ元の言語から分かれたことの証明になる。たとえば、次にA言語とB言語の基本語の一部を対比してあげる。

＊A言語・B言語は架空の言語である。

◎A言語とB言語の基本語の対照

〈A〉		〈B〉	
（人）	pas	（人）	bas
（花）	pat	（花）	bat
（水）	pek	（水）	bege
（歩く）	petik	（歩く）	betige
（たくさん）	penpen	（たくさん）	benpen

A言語とB言語の基本語を比べていくと、語形が似ている上、A言語で[p]で始まる基本語がB言語では[b]で始まる形になっている。つまり、語頭の[p]と[b]は音韻対応をなしている。このような規則的な対応が偶然生じるとは考えにくく、元一つの言語であったのが、別々の方向に変化したため、両言語の間で対応する形になっているのだと見られる。このような音韻対応が広く認められるなら、元一つの言語から分かれた兄弟・親類関係の言語であるという証明になる。

日本語が他の言語と親族関係にあるということを証明するためには、他の言語との間にこのような音韻対応の関係が十分に見いだされなければならない（もちろん、文法等の仕組みが似ていることなども考慮に入れる必要がある）。

検討課題　日本語の系統は、日本人がどういう民族と遺伝子レベルで共通性をもっているかといった点を解明し、日本人が人類学的にどういう民族に近いのかを明らかにすれば分かるはずだという意見があった。この意見は妥当なのだろうか、考えてみよう。

2. 日本語系統論の展開

①藤岡勝二（一九〇八）「日本語の位置」の影響

言語学者藤岡勝二は、明治四一年に「日本語の位置」と題する講演を行い、日本語と北方のアルタイ語族の言語（トルコ語・モンゴル語・ツングース語など）とを一三項目の特徴に関して比較し、両者の類似性を強調した（一三項目中一一まで一致すると論じる）。そして、日本語は北方のアルタイ系の言語であろうと主張した。藤岡のあげた特徴は、たとえば次のようなものである。

i. 単語の初めにｒ音がこない。
ii. 文法上の性（男性名詞・女性名詞のような区別）がない。
iii. 冠詞がない。
iv. 修飾語は被修飾語の前にくる。目的語は動詞の前にくる。
v. 助動詞のような付属的形式が動詞にいろいろ付いた形で用いられる。　など

☞これは、まだきちんとした証明ではないが、それ以降の研究に強い影響を与えた。

□

＊「ツングース」とは、中国東北部や東部シベリアに住み、主として狩猟や遊牧に携わる民族。

②北方説の進展

その後、藤岡が唯一一致しないとした、アルタイ諸語に見られる「母音調和」という特徴の痕跡が古代日本語に見られるという「発見」もあって、日本語が北方（アルタイ系の言語であるという説は、一層有力視されるようになった。

ただ、確かに日本語もアルタイ諸語と同じく膠着語であるが、音韻の構造が大きく違う。また、何よりも音韻対応がほとんど見いだせない点が問題であった。

③南方の言語への注目

北方説が行き詰まりを見せたこともあり、戦後はマライ・ポリネシア語族（南島諸語）など南方の言語との関係が注目された。確かに、南島諸語は、音韻構造があまり複雑ではなく、その点では日本語に近い。そして、たとえば下記のように、基本的な語彙で語形が似ているものを見つけて比較することも、ある程度出来そうである。

◎日本語と南島諸語の基本語（身体語彙）の対照

〈日〉		〈モン語など〉	
（手）	ta, te	（手）	ti, tai
（口）	kuti	（口）	gutu
（目）	ma	（目）	mak
（へそ）	pozo	（へそ）	pusat
（腹）	para	（腹）	perut
（乳）	ti	（乳）	tah

＊「母音調和」とは、母音がいくつかのグループに分かれていて、一つの単語の語形を形作る時は、同じグループの母音でなければ、いっしょに出てくることが出来ないという制限である。

＊たとえば、モンゴル語の基本語のいくつかを左に掲げておく。

例「私」…bi
「海」…delay
「男」…ere
「腹」…heteli
「丸い」…tögörigey
「よい」…sain
「歩く」 yabu-

しかし、文法的にはかなり違うところもあり、やはりきちんとした音韻対応は見いだされていない。

④今日の考え方の方向

以上のような研究から、日本語という言語は、次のように特徴づけられそうである。

文法構造…北方（アルタイ）的
音韻構造…南方（マライ・ポリネシア）的

今日では、日本語の成り立ちについては、インド・ヨーロッパ語族の諸言語のように、基本的に元の言語からしだいに枝分かれして出来てきたといった見方（枝分かれモデル）で考えるべきではなく、むしろ、北方系の言語や南方の言語が融合して生まれたというような見方（流入モデル）で見るべきだと考えられるようになってきている。

検討課題　言語が新たに生まれるという問題に関して、「ピジン」「クレオール」というような概念が問題になる。これらは、それぞれどういうことなのだろうか、調べてみよう。

＊日本語と音韻対応が見いだせる外国語は、現代では見当たらない。しかし、それは、より近縁の言語が既に亡びてしまったからではないかとも考えられている。古代朝鮮半島にあった高句麗という国は、半島を統一することになる新羅と唐の連合軍によって亡ぼされてしまったが、その高句麗の言語の一部の単語が記録に残されている。それらは、日本語の単語と類似するところが大きいように思われる。

例　「水」…midu（日）、meid（高）
「谷」…tani（日）、tan（高）
「七」…nana（日）、nanan（高）
など

復習問題

第1講

〔A〕　次の文章の空欄①〜⑦を補うのにそれぞれ最も適当な語句を考えて記せ。また、空欄ⅠⅡを補うのに適当な語句を一〇字以内で考えて記せ。

人間の言語の無限の表現性を支えているのは、（　①　）性といわれる特質で、これは、文は（　②　）、そして（　③　）へと分解できること、逆に言えば、文は、「　　Ⅰ　　」の形をとって成り立っているということである。

言語の機能としては、もちろんコミュニケーションということが重要であるが、（　④　）や（　⑤　）のように情報の伝達を目的としない言語の表出もあり、（　④　）などは、むしろ人間関係の確認と言った意味合いがあるものと思われる。人間の言語のコミュニケーションと並ぶ重要な役割は、（　⑥　）であり、命名もその一つの形である。さらに、人間の言語は文学のことばのように「　　Ⅱ　　」とされ、また（　⑦　）の対象ともなる。言語で人間は楽しむことができるのである。

〔B〕次の(1)〜(3)の文・文章の空欄①〜⑥を補うのに最も適当な語句を考えて記せ。また、空欄Ⅰを補うのに適当な語句を一五字以内で考えて記せ。

(1) 単語などの言語記号は、その形と意味内容との間に（①）的な結び付きはなく、両者の関係はあくまでその言語を用いる社会の約束事に過ぎない。このような特質を言語記号の（②）性という。

(2) 言語中枢には、言語を生み出すことに決定的な役割を担っている（③）と言語の理解に決定的な役割を担っている（④）があり、一般に言語中枢は（⑤）半球にのみ局在する。

(3) （⑥）仮説は、言語により「　Ⅰ　」という見方と、人間が言語を規定するのでなく、言語が人間のものの見方を規定するという見方からなっている。

第2講

〔A〕次の(1)(2)の文・文章に関し、後の問1 2に答えよ。

(1) 母音は（①）と（②）によって記述される。日本語の母音の大きな特徴は、(甲)の母音が、（③）母音であることである。

(2) 言語音を、人間がどうとらえているかという観点で研究するなら、これは、言語音を（④）として見ているということである。

〔問1〕　空欄①〜④を補うのに適当な語句を考えて記せ。

〔問2〕　(1)文の空欄甲を補うのに適切なカタカナ一字を記せ。また、この日本語の「(甲)の母音」を音声記号で書くとどうなるか、記せ。

〔B〕「最小対」とはどのようなものか、また、これは何にどのように利用されるのか。具体的に説明せよ。

第3講

〔A〕次の音声記号に音声学的名称を与えよ。

①[n]　②[ʃ]　③[k]　④[ɸ]　⑤[h]　⑥[a]　⑦[ts]　⑧[t]

〔B－1〕空欄①〜③を補うのに適当な語句・音声記号を考えて記せ。

ハ行子音は、本来（　①　）だったと考えられるが、文献に残る限りでは、（　①　）であった時期は見いだせない。

（②）の表記などからは、室町末期には［ɸ］であったことが確認される。（①）から［ɸ］へ、そして、現在の［h］という変化は、日本語の発音における（③）の衰退を物語っているとされる。

〔B－2〕次のA～Cの主張について、それが正しいかどうかを論ぜよ（誤っている場合は、どうして誤りなのか、正しい場合は具体的にどういうことなのかもう一歩詳しく説明せよ）。

A．「サ行とハ行のイ段音は混同されやすいが、これは、東日本では調音位置が前に、また、西日本では後ろにずれる傾向があるからだといえる」

B．「母音の無声化は、一般に西日本の方言において顕著である」

C．「日本語の『セ』『ゼ』の音節は、室町時代の都においては、仮名で書けば『シェ』『ジェ』のように発音されていた。」

第4講

〔A－1〕空欄①～④を補うのに適当な音声記号を、また、空欄⑤⑥を補うのに適当な漢字二字の語句をそれぞれ考えて記せ。

現代日本語では、ガ行子音は語頭では（①）、語中語尾では（②）が一般的だとされる。また、ザ行子音には（イ段は別にして）、摩擦音の（③）とともに（④）も用いられる。「キャ」「キュ」「キョ」「シャ」「シュ」「ショ」のような音を（⑤）というが、この（⑤）には、「キャ」「キュ」「キョ」の場合のように（⑥）の子音の硬口蓋化したものによる場合と、「シャ」「シュ」「ショ」の場合のように（⑥）とは近いところがあるが別の子音による場合とがあるとされる。

〔A－2〕次の音声記号に音声学的名称を与えよ。

① [ɾ]　② [ʒ]　③ [d]　④ [m]　⑤ [i]

〔B〕次の①～⑥の単音について、一般に日本語で用いられるものには相当する音声記号を記し、用いられないものについては×を記せ。また、「四つ仮名」の問題に関係ある子音は①～⑥のどれか記せ。

①「硬口蓋鼻音」　②「有声硬口蓋摩擦音」　③「無声歯茎硬口蓋破擦音」
④「有声両唇閉鎖音」　⑤「有声歯茎破擦音」　⑥「無声硬口蓋摩擦音」

第5講

〔A－1〕　次の空欄①～③を補うのに適当な語句をそれぞれ考えて記せ。また、空欄ⅠⅢを補うのに適当な語句をそれぞれ一〇字以内で記し、空欄Ⅱには標準語でのアクセントを傍線で書き添えたカタカナ表記の語を記せ。

日本語の発音の意識のうえでの単位は、（　①　）と呼ばれ、〔　Ⅰ　〕に基づくもので、（　②　）に基づく英語などの場合とは異なる。

日本語のアクセントは高低アクセントであり、重要なのは（　③　）である。「春」という単語についてそのアクセントを高い箇所の横に傍線を引いて表すと、「ハル」のようになる。同様に「桜」という単語の場合は、「〔　Ⅱ　〕」のようになる。アクセントは意味の区別に役立つが、現代日本語では、それ以上に〔　Ⅲ　〕ということに活用されていると言える。

〔A－2〕　次の語句に標準語のアクセントの表示をつけよ。ただし、二段観表記により、高い所に傍線を付す形で示せ。

○　ナノハナトキクノハナトカリフラワーノゴマアエ（菜の花と菊の花とカリフラワーの胡麻和え）

〔B〕　次の（1）（2）（3）の問いに答えよ。

（1）標準語アクセントでは、三拍語については、いくつの型が区別されるか。
（2）「エがとれた」という文の傍線部が、一拍目が高く二拍目が低く発音された場合、カタカナの部分を漢字表記するとどうなるか、記せ。ただし、標準語の発音によるものとする。
（3）プロミネンスとはどういうものか、例をあげて説明せよ。

第６講

〔A〕 次の文章に関する問1〜3に答えよ。

日本語表記の特色は、漢字仮名交じり表記を基本とする（①）表記体系であるということであるが、漢字や漢字に付ける（②）仮名の習得は負担になる面があり、また漢字が無制限に使われたなら、書き言葉の理解に支障を来すことになりかねない。そこで、（③）〔昭和二一年〕や（④）〔昭和五六年〕の制定によって、漢字制限が行われてきた。漢字の習得は確かに負担になるが、日本語の表記において漢字が用いられるのはそれなりの必然性がある。すなわち、言語の構造として日本語は意味の（⑤）が分かりにくくなりがちであり、漢字仮名交じり表記はそれをカヴァーするものとなっている。今後漢字は使われなくなっていくという見方もあるが、以上の点やそれ以外の理由もあって、漢字が日本語表記から姿を消していくようなことは考えられない。

［問1］　各文の空欄①～⑤を補うのに適当な語句を、それぞれ考えて記せ。

［問2］「漢字仮名交じり表記はそれをカヴァーするものとなっている」とあるが、これはどういうことか、説明せよ。

［問3］「それ以外の理由」とはどのようなことか、二点記せ。

〔B〕　次の⑴～⑷の文章の空欄①～⑧を補うのに適当な語句を考えて記せ。

(1)　文字と絵文字の相違は、前者が（　①　）と対応づけられている点にある。その対応の仕方に応じて、（　②　）文字・音節文字・単音文字のような分類ができる。

(2)　日本に漢字渡来以前に文字がなかったことは、（　③　）の著した「古語拾遺」など古文献にも語られているが、中世以降いわゆる（　④　）の存在が語られ、江戸に入ると一部の国学者などがこれを主張した。しかし、今日では、古代日本語の音韻の実態を反映していないことなどから偽物であることが明らかにされている。

(3)　日本への漢字の正式な伝来は、（　⑤　）来朝のころと言われる。これがフィクションであったにせよ、この頃から漢字に関する金石文資料は増加する。

(4)　漢字を（　⑥　）を捨てて表音的に用いたのが万葉仮名である。これには漢字の音読みを用いた音仮名と（　⑦　）読みを用いた（　⑦　）仮名があり、さらに（　⑧　）と呼ばれる遊戯的な表記も見られる。

第7講

〔A〕 次の⑴～⑷の文・文章に関する問1～3に答えよ。

⑴ 漢字の音には、（①）音・漢音・唐宋音がある。例えば、「礼拝」は、（①）音でよめば「［ Ⅰ ］」、漢音でよめば「［ Ⅱ ］」となる。一般に（②）は（①）音でよまれることが多い。

⑵ 六書とは、漢字の構造・用法を六つに分けて説明したものであるが、このうち四つは構造の説明で、象形・指事・会意・形声の区別が説かれる。また、残りの二つは用法の説明で、音の共通性に基づいて元の意味を離れて新しい意味で用いたり、意味を捨てて表音的に用いるのが（③）であり、漢字の意味を意味の連続性に基づいて拡張して用いるのが（④）である。

⑶ 「海苔《のり》」・「女郎花《おみなえし》」など、いくつかの漢字のひとまとまりに対して決まっている一定の訓を（⑤）という。

⑷ 漢字の構成の仕方にならって作られた和製漢字を（⑥）という。（⑥）は、漢字の構成の仕方としては、（⑦）のものが多い。（⑥）は、日本でできたものだから、（⑧）しかもたないのが普通だが、「働」のように類推によってそうでなくなっているものもある。また、漢字の［ Ⅲ ］に合わない訓を国訓という。たとえば、「鮎」という字は、「（⑨）」と読むが、本来は「（⑩）」を表す字である。

［問1］ ⑴～⑷の空欄①～⑩を補うのに適当な語句をそれぞれ考えて記せ。

［問2］ ⑴の空欄ⅠⅡを補うのに適当な漢字の読み方をそれぞれ記せ。

［問3］　(4)の空欄Ⅲを補うのに適当な語句を一〇以内で考えて記せ。

〔B－1〕　部首に関する次の（1）（2）の問いに答えよ。

（1）次の文の空欄ａｂを補うのに適当な漢字各一字を考えて記せ。また、傍線部の読みを平仮名で記せ。
・漢字の部首は、一般に偏・（ａ）・冠・脚・（ｂ）・垂・構に分けられる。

（2）部首が「かわへん」「れっか」「しかばね」の漢字をそれぞれ二字以上示せ。

〔B－2〕　次の（1）（2）文の送り仮名の誤りを指摘して訂正せよ。また、（例）の〔　〕内にならって「送り仮名の付け方」におけるその根拠を示せ。

（例）こんなに不出来だったのだから、潔よく諦めて、再履修することにしよう。
〔潔よく→潔く（通則1の本則）〕

（1）今までにない新らしいゲーム・ソフトが発売されたことを聞いて、慌てて見に行ってみると、既にそこにはたくさんの野次馬が群っていた。

（2）せっかく和かなムードだったのに、彼が底意のあるような紛わしいことを言ったせいで、雰囲気が壊われてしまった。

〔A〕 次の(1)(2)の文章の空欄①〜⑤を補うのに適当な語をそれぞれ考えて記せ。また、空欄ⅠⅡを補うのに適当な語句をそれぞれ考えて記せ。

(1) 万葉仮名の（ ① ）から生じたのが、平仮名である。平仮名は、長い間多様な変体仮名が用いられ続けたが、これは、［ Ⅰ ］ためで、その統一は実に明治三三年になってからのことである。片仮名は、もともと［ Ⅱ ］のため万葉仮名の（ ② ）から生まれたものなので、今日でも補助記号的性格が強い。

(2) たとえば、「フネ（船）」「ツチ（土）」を"fune"・"tsuchi"と書くのが、（ ③ ）式であり、"hune"・"tuti"と書くのが（ ④ ）式で、この二つの方式は、日本におけるローマ字の書き方として明治以来対立してきたが、それでは不都合なので昭和の初めから議論がなされ、訓令式と呼ばれる方式に統一された。訓令式は、（ ④ ）式に近い書き方だが、（ ③ ）式のような書き方も許容されており、（ ③ ）式の子音の書き方が（ ⑤ ）に基づくもので、（ ⑤ ）のスペリングに近く見えることもあって、むしろこちらが今日でもよく使われている。

〔B〕 次の文章に関する問1〜3に答えよ。

漢字制限は結果として現代仮名遣いの制定につながっていく。歴史的仮名遣いは、江戸時代の国学者（ ① ）が文献を実証して定めたものに基づくが、やはり記憶に負担になる面があり、漢字制限はそれを拡大する結果が予想されたのである。現代仮名遣いは、基本的に（　②　）主義の仮名遣いとされるが、いろいろな点で不徹底である。特に、オ列長音の表記に「う」を書き添える場合と「お」を書き添える場合を認めている点は問題である。このオ列長音の表記の区別は、［　　Ｉ　　］場合は「お」で書くということなのだが、結果として現代仮名遣いを自律的でないものにしてしまっている。

［問１］　空欄①②を補うのに適当な語をそれぞれ考えて記せ。
［問２］　「漢字制限はそれを拡大する結果が予想された」とはどのようなことか、具体的に説明せよ。
［問３］　空欄Ｉを補うのに適当な内容を考えて記せ。

第９講

〔Ａ－１〕　次の指摘のうち、正しいものをすべて選べ。

1. 成人の使用語彙は、四万語前後といわれる。
2. 日本語の単語は、四拍前後の長さで安定する。
3. 語彙の習得については、小学校入学時から卒業時で約四倍ほどの増加がみられ、高校卒業時までに成人のレベルに近づくとされる

4．新聞のような一般的な言語資料で、よく使われる単語に順位をつけ、上位から拾って行けば、「基本語彙」を決めることができる。
5．理解語彙の調査に比べ、使用語彙の調査はその方法が難しい。

〔A－2〕次の歌詞について、（ア）延べ語数・（イ）異なり語数・（ウ）「月」という語の使用率を、それぞれ記せ（学校文法により、付属語もカウントする）。

・出た出た月が　丸い丸いまんまるい　盆のような月が

〔B－1〕次の文章の空欄①～⑧を補うのに適当な語句を考えて記せ。また、空欄Ⅰを補うのに適当な内容を記せ。

語の意味は、一般には概念内容のように考えられているが、（①）の集合と見る見方もある。この見方の欠点は、（②）的な使い方や新しい使い方ができる理由を説明できない点にある。語の意味には、指示的意味・（③）的意味・（④）的意味の三つの側面がある。たとえば、「恋文」と「ラブレター」は、指示的意味としては同じでも、（④）的意味が違うのである。
意味に共通性がある語を類義語という。類義語にも、いろいろなタイプが考えられる。たとえば「トリ」と「ニワトリ」は、前者が後者を（⑤）するもので、前者は（⑥）位語といえる。これに対して、たとえば「和歌」「連歌」「俳諧」は一応、類義語ではあるが、決して指し表す内容は重ならず、（⑦）的な関係といえる。意味が対立・対応する語を対義語というが、これも［　Ｉ　］という点では、類義語の一種である。対義語として、もっとも普通に思い起こされるのは、一つの対立軸において意味が反対になる反対語だろう。反対語には、一方の否定が他方と同じ意味になるタイプのものがあるが、これを（⑧）語という。

〔Ｂ－２〕　類義的な二つの動詞「ためる」と「たくわえる」の意味の違いを共起制限（どういう語と結びつけるか結びつけないか）にもとづいて説明せよ。

第10講

〔Ａ〕　次の⑴～⑷の文章の空欄①～⑧を補うのに適当な語・語句をそれぞれ考えて記せ。

⑴　語種とは、出自（出身）別に見た語彙の種別とされるが、（①）などということがあることを考えると、厳密にはどこから来たと思われているかによる語彙の種別と考えたほうがよい。語種は、一般には和語・漢語・外来語・（②）に分けられる。漢語は、これが（③）されることが漢語らしさを決定づけているといってよい。それゆえ、これを（④）と呼ぶこともある。

⑵　和語は、（⑤）だがわかりやすく、また優雅なイメージもある。和歌の言葉は、原則として和語であり、和

歌特有の用語（歌語）も存在した。

(3) 漢語は、それ以外の外来的要素と違い、深く日本語に根を下ろしている。たとえば（⑥）詞のような基本的な語彙も漢語である。ところで、「重箱」のように、音＋訓でよまれる単語を「重箱読み」の語、「（⑦）」のように、訓＋音でよまれる単語を「（⑦）読み」の語という。中世以降このような単語が増えてきたことも、漢語の日本語への定着を物語っている。

(4) 外来語といえどもあくまで日本語の語彙の一部であって、原語ではない。だから、原語の意味と外来語の意味も一致するとは限らない。たとえば、外来語「（⑧）」は、「あかぬけた／体形がすらりとしている」といった意味だが、原語の英語では「鋭い・厳しい」といった意味もある。

〔B〕 次の文章に関して、後の問1～3に答えよ。

語には、それ以上分解できない単純語とさらに分解可能な（①）があるが、（①）にも、語（語基）どうしが結び付いた複合語と、語（語基）と（②）が結び付いた（③）がある。（②）は、［　Ⅰ　］や表現上のニュアンスを添えるものであるが、（②）のうちでも（④）が付加されることで異なる品詞性が与えられることがある一方、（⑤）が付加されても品詞性に変化はない。また、語（語基）の繰り返しの形で作られる語を（⑥）という。これも、複合語の一種と見ることができる。

（⑥）によって一種の複数表現が作られるが、これは単なる複数ではなく、（⑦）の意味を表すものである。

また、「たち」のような（④）を添えた複数の表現もあるが、たとえば「友子たち」のような言い方は、［　Ⅱ　］を表すのであり、やはり単なる複数とはならないことに注意したい。

複合語となっているかどうかの判定は、難しい場合があるが、アクセントの変化や（⑧）が複合の目印となることもある。複合語のうち、構成要素の意味関係がよみとれるようなものを（⑨）語という。（⑨）かどうかということは、語彙のわかりやすさともかかわってくる。

「混淆」によって生まれた語を（⑩）というが、日本語では例が少ない。「混淆」は、句レベルでも見られる。

［問1］空欄①～⑩を補うのに適当な語句を考えて記せ。

［問2］空欄ⅠⅡを補うのに適当な語句をそれぞれ考えて、各一〇字以内で記せ。

［問3］傍線部「『混淆』は、句レベルでも見られる」とあるが、「踵《きびす》を接する」「溜飲《りゅういん》を晴らす」「耳目《じもく》をそばだてる」という三つ言い方のうち、混淆というべきものはどれか、指摘して説明せよ。

第11講

〔A〕次の文章の空欄①～⑦を補うのに適当な語句を考えて記せ。また、空欄Ⅰを補うのに適当な内容を考えて記せ。

使用者の属する社会や使われる場面の違いなどによって言語がいろいろな形をとることを、言語の（①）の違いというが、たとえば言葉の男女差もそうした一例と言えるだろう。日本語において男性語と女性語の相違は、（②）形式に顕著だとされる。また、漢字漢文は［　　Ⅰ　　］ことから、女性は漢語を使わないものという通念がかつて存在したことも事実である。歴史的に現代語の形成を考えるうえでは、（③）詞や（④）は注目すべきものと言える。中世の御所に仕えた（③）の間で使われた（③）詞は、「しゃもじ」「かもじ」のような（⑤）や美化語の使用が特徴的とされ、近世以降には上品な言い方として、上級の庶民にまでも広まった。また（④）は、その独特の文末の言い方、たとえば「ありんす」が今日の「あります」のような言い方の源流となっており、意外に現代日本語にも影響を与えている。

外部の者に知られないように使われることばは（⑥）といわれる。（⑥）の使用は秘密の保守のためである反面、他者へ誇示する気持ちや（⑦）による部分もある。

〔B〕　次の文章の空欄①〜⑦を補うのに適当な語句を考えて記せ。

歴史上よく知られている位相語としては、（①）がある。これは、武士の戦陣用語であり、たとえば（②）ことを「開く」といい、受身でいうところをしばしば（③）でいうなど劣勢を認めることを避けた言い回しという感がある。また、江戸時代初期の江戸の町のアウトロー達の用いた（④）も、注目すべきものである。たとえば真っすぐに「走る」というところを、「（⑤）」などというのも、この（④）の系統をひく言い方といえる。（⑥）のために使用が避けられることば及びその言い換えのことばを忌詞というが、その代表的なものとして、伊勢神宮に仕えた（⑦）のまわりで使われた（⑦）忌詞が有名である。

第12講

〔A〕 次の文章の空欄①〜⑩を補うのに適切な語句をそれぞれ考えて記せ。ただし、①②④⑤⑥⑨⑩は漢字二字、③⑦⑧は漢字三字で答えよ。

(1) （①）博士の学説に拠ったいわゆる学校文法は、しばしば〝主語になれるかなれないか〟といった二分法を繰り返す形の品詞分類表のイメージで理解されていることが多いがこれは、本来の（①）文法の考え方を正しく示すものではない。（①）文法は、（②）を基本概念として、独立で（②）になれる（③）については、それが（②）としてどのように関係構成するかという点から分類がなされる。すなわち、自ら断続（切れたり続いたり）を示せる（④）、示せない（⑤）、常に続く（⑥）・（⑦）・接続詞、そして、常に切れる（⑧）、といった分類がなされることになる。このように品詞分類が基本概念から導き出せる点では、それなりに論理的ではある。だが、（②）を基本とするゆえに、それ以下のレベルで実際に存在する文法的な関係を正しく取り出せない点が致命的である。

(2) いわゆる「ら抜き言葉」とは、例えば「食べれる」のように非五段動詞が（⑨）表現で助動詞「ラレル」を伴うべきところを「ラレル」の「ラ」が抜けた形になるような言い方である。これは、言葉の乱れとしてしばしば問題にされるが、（⑨）を（⑩）などの言い方と明確に区別しようとしたものと考えるならば、むしろ合理的な変化ではある（もちろん、言語自体の変化が合理的であるにせよ、それを使った場合聞き手がどうけとめるかについてを考慮すべきことは言うまでもない）。

〔B－1〕 カ行変格活用の動詞「来る」の活用表を母音語幹動詞・子音語幹動詞の場合にならって、作成してみよ。

〔B－2〕 敬語の分類についての次の問いに答えよ。

［問1］「尊敬語」と「丁寧語」の違いについて、具体的に例をあげて説明せよ。

［問2］文化審議会答申「敬語の指針」で示された「謙譲語Ⅱ」「美化語」とは、それぞれどのようなものか、具体的に例をあげて説明せよ。

〔B－3〕 次の文には敬語の誤りがある。例のように誤っているところを指摘して、正しい形に直せ。（例、『先生が見た』→「先生がご覧になった」のように示せ）。

- ミスがあったのは事実だと存じますので、お客様が申されたとおり、先方にまずこちらからご連絡して、当方とお会いする日程を決めるよう、取り計らわせてください。

第13講

〔A〕次の(1)(2)の文・文章の甲乙丙の空欄を補うのに適当な語句を考えて記せ。

(1) 現代の文法研究では、言葉の関係のとらえ方はずっと精密になった。たとえば「千恵がゆっくり参考書を読む」のような文を例にすれば、「参考書を」も「ゆっくり」も連用修飾語として一括されてきたが、今日では、区別して取り扱うべきものと考えられている。つまり、「ゆっくり」は「読む」が述語として文を形成するに当たっては（甲）の成分であり、一方「参考書を」は（乙）の成分というべきである。両者は文の構成に関わる次元が違うのである。

(2) 言語の研究には、言語記号の関係を論ずる統語論（文法論）と、言語記号とその指し表す内容・対象の関係を論ずる意味論の他に、今日では言語記号（とりわけ、文）とそれを使う人間の関係を論ずる（丙）の重要性が認識されている。

〔B－1〕つぎの1～5のうち正しいものをすべて選び、その番号を記せ。

1．日本語の文は、およそ主体的な内容を表す要素を客体的な内容を表す要素が取り囲むような基本構造をなしている。

2．日本語では自動詞も受身にできるが、この自動詞の受身を三上章は、「ハタ迷惑の受身」と呼んだ。

3. 学校文法では「だろう」「らしい」「ようだ」などは推量と一括されることが多いが、本当の意味で主観的な判断の表現と言えるのは「だろう」だけである。

4. 現代日本語では、恩恵の授受に基づく「〜テヤル／テクレル／テモラウ」のような受給動詞の表現が発達している。

5. 金田一春彦は、〜シテイル形式をとるか、とったらどんな意味になるかという点から、動詞を状態動詞・瞬間動詞・継続動詞・対象動詞の四つに分けた。

〔B－2〕 次の文章の甲乙の欄に適切なことばをそれぞれ考えて答えよ。

日本語の時制（テンス）は、基本的には「〜スル」形と「〜シタ」形の対立で考えられる。（甲）が「〜スル」形をとった場合、近い未来をあらわし、（乙）が「〜スル」形をとった場合は、現在をあらわす。（甲）の現在は、「〜シテイル」形で示される。「〜シタ」形ならいずれにせよ過去である。

第14講

〔A〕 次の文章を読んで、後の問1〜3に答えよ。

よく、「〜ばってん」は九州の方言だなどというが、学問的に「方言」とは、地域の言語を語彙・文法・音韻などの総体としてとらえる用語であり、個々の単語は「（　①　）」というべきである。もちろん、言葉には地域差があり、例えば東と西の言葉の大きな違いは、ほぼ（　②　）あたりに来るとされる。日本全体で、言葉の地域差に注目し、同じような方言が使われる地域をまとめて、その広がりごとに一定の方言が用いられるものと整理して示していく研究を（　③　）という。これに対して、方言の地理的分布から歴史的な言語変化を読みとる研究を（　④　）といい、早くに（　⑤　）が『蝸牛考』で公にした事実とその解釈はこの分野の古典的な研究として知られている。

〔問1〕　空欄①〜⑤に補うのに最も適切な語句を次のア〜ケから選び、記号で答えよ。

ア．俚言　イ．片言　ウ．方言区画論　エ．方言周圏論

オ．富山・岐阜・愛知の東境　カ．石川・岐阜・愛知の西境

キ．柳田国男　ク．真田信治　ケ．東条操

〔問2〕　「東と西の言葉の大きな違い」を形づくる特徴として動詞の命令形の違いが考えられる。どのような違いか、具体例をあげて記せ。

〔問3〕　「『蝸牛考』で公にした事実とその解釈」とはどのようなことか、具体的に説明せよ。

〔B〕　共通語の普及により、方言が失われてしまうという主張があるが、この主張が妥当かどうか、ネオ方言が用いられているという事実をふまえて論ぜよ。

第15講

〔A〕 次の(1)〜(3)の文・文章の空欄①〜⑦を補うのに最も適切な語句を考えて記せ。また、空欄Ⅰを補うのに最も適切なことばを考えて記せ。

(1) 生まれついて身につけた言語を（ ① ）というが、日本語を（ ① ）とする者の数は現在約（ ② ）人で、中国語や英語には及ばないものの世界の中では多数派だといえる。また、グリーンバーグらの（ ③ ）による世界言語のタイプ分けのような観点からは、英語などよりもむしろよくあるタイプの言語だということになる。日本語の表現の特色としては、（ ④ ）を表立てず、事柄を「 Ⅰ 」として描くことを好むという点が指摘される。

(2) 日本語は、言語のタイプからすると、古典的な分類では、（ ⑤ ）語に属するとされるが、系統関係は不明である。

(3) しばしば、日本語は特殊で非論理的などといわれる。しかし、主語が必ずしも表に出されないなどということは、（ ⑥ ）・文脈から分かることはあえて言語化しないということであるが、それが非論理的だということには必ずしもならない。また、いわゆる「（ ⑦ ）」のような表現も、英語の"A is B."と比較して非常に多様な意味を表すことができるように見えるからといって、それで非論理的とは言えない。日本語には日本語の表現の論理があるし、（ ⑥ ）・文脈に依存する度合いが高いことは何も特殊なことではないのである。

〔B〕 次の1～8の記述のうち、正しくないものをすべて選び、記号で答えよ。

1. 言語の系統の証明には、似た語形の語彙の意味が対応する「語彙対応」が十分見いだされる必要がある。
2. 日本語は屈折語、西洋の古典語であるラテン語は膠着語に属するタイプの言語である。
3. 藤岡勝二は、「日本語の位置」という講演で日本語とアルタイ語の共通性を一四ヶ条にわたり比較・強調した。
4. 藤岡勝二の比較で唯一日本語とアルタイ語に共通しないとされた「母音調和」という特徴の痕跡は、後に古代日本語において発見され、北方説は一層有力視されることになった。
5. 現代韓国語では、日本語とのかかわりははっきりしないが、その直接の先祖である古代高句麗語の場合、日本語との対応関係が認められる例がある。
6. 南島諸語は、日本語と異なり、概して音韻の数も多く、その組み合わせも複雑である。
7. アルタイ語は、本来語頭にｒ音が来ないという点で日本語と同様で、文法構造も近いところがある。
8. 今日では、日本語の起源は、インド・ヨーロッパ語族の場合のような枝分かれモデルではなく、流入モデルで考え、南方系言語と北方系言語の混成という見方でとらえるという方向が有力である。

図表例文等出典一覧

32頁　《参考》全国アクセントの分布　天沼寧・大坪一夫・水谷修『日本語音声学』（くろしお出版　1978）、分担執筆者水谷修。

37頁　例(4)　F. ワインガルトナー・糸賀英憲訳『ある指揮者の提言』（音楽の友社　1965）

42頁　「天名地鎮」（『新修平田篤胤全集』第十五巻　名著出版　1978）

62頁　〔図８　拍数による語彙の分布〕林大「語彙」（『現代国語学Ⅱ』筑摩書房　1957）のデータを『図説日本語　グラフで見ることばの姿』（角川書店　1982）でグラフ化。

63頁　〔表５　理解語彙調査〕阪本一郎『読みと作文の心理』（牧書店　1955）

65頁　〔表６　新聞三紙の語彙調査から〕『国立国語研究所報告48『電子計算機による新聞の語彙調査（Ⅳ）』』（1972）のデータを抄出・整理し、田中章夫『国語語彙論』（明治書院　1978）で表に作成。

73頁　〔図９　雑誌用語の語種別分布〕『国立国語研究書報告25『現代雑誌九十種の用語用字』第３分冊分析』（1964）

74頁　〔図10　外来語の出自〕『国立国語研究書報告25『現代雑誌九十種の用語用字』第３分冊分析』（1964）のデータを『図説日本語　グラフで見ることばの姿』（角川書店　1982）でグラフ化。

116頁　（方言訳）ⅰ青森県弘前市　此島正年、ⅱ茨城県水海道市　宮島達夫、ⅲ愛知県名古屋市　山田達也、ⅳ京都市　遠藤邦基、ⅴ佐賀県小城郡　小野志真男、以上は徳川宗賢『日本語の世界８　言葉・西と東』（中央公論社　1981）。

118頁　〔図12　東西方言の境界〕「東西日本方言の境界線」〔牛山初男氏作成の図に拠る〕（金田一春彦『日本語セミナー４　方言の世界』筑摩書房　1983）

119頁　〔図13　日本の方言区画〕大西拓一郎「日本の方言概説」（国立国語研究所『方言と日本語教育』大蔵省印刷局　1993）

121頁　〔図14　『蝸牛考』による蝸牛方言の周圏分布（イメージ図）〕柳田国男『蝸牛考』（岩波文庫　1980）に付載、柴田武の解説文中。

123頁　〔図15　「駅」の方言分布〕の方言分布図と文章　真田信治「地域とのかかわり――交通と通信の外来語」（飛田良文編『英米外来語の世界』南雲堂　1981）

主な古典例文出典一覧

86～87頁　「雑談集」巻三　山田昭全・三木紀人校注『中世の文学　雑談集』（三弥井書店　1973）

89～90頁　「武備目睫」尾藤正英『日本の歴史19　元禄時代』（小学館　1975）に所載。

91頁　「今鏡」巻十　竹鼻績全訳注『講談社学術文庫　今鏡（下）』（1984）

92頁　「沙石集」巻八　渡辺綱也校注『日本古典文学大系　沙石集』（岩波書店　1963）

（以上、一部改変の上、収録）

著者紹介

藤田保幸（ふじた やすゆき）
元龍谷大学文学部教授、博士（文学）

緑の日本語学教本

二〇一〇年三月三〇日初版第一刷発行
二〇二五年三月三〇日初版第九刷発行
（検印省略）

著　者　藤　田　保　幸
発行者　廣　橋　研　三
印刷・製本　遊　文　舎
発行所　有限会社　和　泉　書　院

大阪市天王寺区上之宮町七－六
〒五四三－〇〇三七
電話　〇六－六七七一－一四六七
振替　〇〇九七〇－八－一五〇四三

ISBN978-4-7576-0541-1　C1381